RECUEIL

DE

PEINTURES ANTIQUES.

TOME PREMIER.

RECUEIL

DE

PEINTURES ANTIQUES

TROUVÉES A ROME;

IMITÉES FIDELEMENT, POUR LES COULEURS ET LE TRAIT,

D'APRÈS LES DESSINS COLORIÉS

PAR PIETRO-SANTE BARTOLI,

ET AUTRES DESSINATEURS.

SECONDE ÉDITION.

TOME PREMIER.

DE L'IMPRIMERIE DE DIDOT L'AINÉ,

A PARIS,

Aux dépens de MOLINI et de LAMY, Libraires.

RECUEIL

D E

PEINTURES ANTIQUES.

AVERTISSEMENT.

La Peinture n'a d'autre but que la représentation fidele des objets qu'elle se propose d'exposer à nos regards. Assujétie à des loix constantes, qu'il ne lui est pas permis de violer; sa pratique, ou, si l'on aime mieux, les moyens que l'Art se fournit à lui-même pour parvenir à ses fins, devroient donc être uniformes, et ne jamais varier : ils auroient dû être les mêmes chez tous les peuples, ainsi que dans tous les siecles où la Peinture a été cultivée. Rien n'a cependant éprouvé et n'éprouve encore plus d'altérations et de fréquents changements. Il existe un goût qui domine sur chaque âge et sur chaque nation qui s'en empare successivement; qui porte une certaine empreinte caractérisante, et qui fait, sans qu'on en puisse trop rendre raison, que le choix et l'emploi des couleurs, la distribution des ombres et des lumieres, l'arrangement même des figures qui entrent dans la composition d'un tableau, peuvent plaire dans un temps et dans un lieu, et n'être point goûtés dans d'autres. L'éducation y entre pour beaucoup : comme elle dirige quelquefois le sentiment, elle influe aussi jusques dans la maniere de voir et de saisir les objets. L'habitude est une seconde nature : et c'est ainsi, pour en donner un exemple plus frappant, que la peinture, entre les mains des Chinois, ce peuple si industrieux, si mesuré dans toutes ses actions, est, dans la pratique, absolument différente de la nôtre, quoique l'une et l'autre, par rapport au but et à l'objet général, soient entièrement d'accord.

On pourroit peut-être en dire autant de la peinture des Anciens : sa marche s'éloigne, à beaucoup d'égards, de la nôtre; et nous ne faisons rien pour nous en rapprocher. Nous serions trop heureux de posséder l'art du dessin dans un degré aussi éminent que les Grecs, nous savons leur rendre justice sur ce point : mais nous croyons les surpasser dans la partie de la composition ; et s'il faut lier des grouppes, et distribuer des lumieres et des ombres pour produire un heureux effet de clair-obscur, loin de vouloir leur céder, nous nous mettons fort au-dessus d'eux. Nos yeux accoutumés à une magie de la peinture, qui, trop souvent hors du vrai, n'en cause pas moins une sorte d'illusion et de prestige, auroient peine à se faire à cette simplicité de composition, à cette unité de clair-obscur, à ces couleurs pures et entieres, qui faisoient les délices des Anciens, et qui, j'ose le dire, mériteroient encore de faire les nôtres, si l'amour de la nouveauté et le desir de montrer de l'esprit ne nous avoient fait perdre insensiblement le goût de la belle et simple nature.

Nourris dans ces principes, entretenus dans cette façon de penser et d'opérer, on ne doit pas être étonné qu'on ait pu mettre en question si la Peinture avoit marché du même pas que la Sculpture chez les Anciens. Je ne ferai point de nouveaux efforts pour détruire un sentiment qui commence à être abandonné ; je témoignerai seulement mes regrets sur la perte de tous les chefs-d'œuvre sortis du pinceau des Grecs, bien assuré que si ces morceaux subsistoient encore, ils trouveroient de zélés défenseurs dans ceux mêmes qui les attaquent le plus vivement.

Cette idée me flatte : j'aime à m'en occuper. Elle entretient l'admiration qu'une étude longue et suivie m'a fait prendre pour toutes les savantes productions des Anciens, et j'en suis plus disposé à croire que la peinture n'a point gagné entre les mains des Modernes autant qu'on voudroit nous le faire entendre. Il seroit inutile de dire, pour combattre cette opinion, que les Anciens n'ont point connu la peinture à l'huile, et que, privés des avantages qu'elle présente, leurs tableaux, peints en détrempe, n'ont pu avoir la même vigueur que les nôtres : cela peut être à quelques égards.

Mais, sans vouloir trop approfondir les inconvénients qui balancent les avantages de la nouvelle découverte, je demanderai si notre fresque, plus durable et plus brillante dans ses effets, est obscurcie par la peinture à l'huile. Qu'on interroge les maîtres de l'art : ils conviendront qu'elle doit avoir le pas sur cette derniere ; et, dès ce moment, nos prétendus avantages s'évanouissent, les Anciens rentrent dans leurs droits, et n'ont eu besoin, pour parvenir à une imitation suivie de la nature, que des seuls moyens dont ils ont fait usage, et qui leur ont si parfaitement réussi.

Je me garderai bien de donner pour preuve de ce que j'avance les morceaux de Peinture qui ont été découverts en différents temps, depuis que l'amour du beau et le goût des bonnes études ont fait chercher dans les entrailles de la terre les précieux restes de l'antiquité que l'ignorance, la barbarie et les événements qu'amene nécessairement avec soi une longue succession de siecles y avoient enfouis. Ces morceaux, peints chez les Romains, et presque tous dans des siecles où la peinture n'avoit plus cet éclat dont elle avoit brillé dans la Grece, ne peuvent être considérés que comme de foibles restes d'un art expirant.

En supposant même qu'il fût encore dans toute sa splendeur, la qualité de ces peintures et les places qu'elles occupoient ne fournissent pas un préjugé assez avantageux pour les proposer comme des modeles. Adhérentes à des murailles, où elles tenoient lieu de nos lambris et de nos tapisseries, elles dépendoient souvent ou faisoient partie de compositions d'ornements ; et, de l'aveu même des Anciens, ce genre d'ouvrage n'occupoit ordinairement que les Peintres du second ordre. D'ailleurs, quels sont les endroits où l'on a trouvé des Peintures antiques ? ce sont de simples corridors ; ce sont des salles de bains, des chambres basses et éloignées des plus beaux appartements : le plus grand nombre a été découvert dans l'intérieur des tombeaux, où l'on entroit rarement, et où ces morceaux, privés de lumiere, étoient absolument perdus pour le Public, pour ceux qui étoient en état d'en juger. Je sais que le luxe des Romains et la vénération pour leurs morts les engageoient à de grandes dépenses toutes les fois qu'ils construisoient quelque nouvelle sépulture : mais il eût été cruel d'y employer les plus habiles Peintres ; et ce qu'il y a de certain, c'est qu'ils ne le firent jamais.

Nous n'avons donc aucune peinture antique qui soit digne d'être mise sur le compte de ces grands artistes dont les noms célebres sont venus jusqu'à nous ; il n'est que trop vrai. Quelque médiocres que soient celles qui ont été conservées, elles ne portent pourtant pas moins un caractere qui les rapproche, à beaucoup d'égards, des tableaux exécutés dans les meilleurs siecles ; et je pense qu'après les avoir bien considérées et s'en être rempli, il nous peut rester une assez juste idée de ce qu'étoient ces merveilles de l'art, qui ont fait le plus de bruit. La distance qui les sépare n'est pas plus grande que celle qui distingue le bien d'avec le mieux.

Ceux qui connoissent plus parfaitement les Romains savent combien ce peuple fut constant dans ses usages et dans ses goûts, et qu'avouant sans peine son peu d'aptitude dans l'exercice des arts, il n'oublia jamais que les Grecs étoient, en cette partie, ses maîtres et ses modeles. C'étoit chez cette nation savante qu'ils avoient appris à aimer et à priser la peinture ; c'étoit d'elle qu'ils en avoient reçu les enseignements et les regles. Simples imitateurs, il n'y a pas d'apparence qu'ils aient rien innové dans la distribution des figures et ce qu'on appelle la composition du tableau ; encore moins dans l'emploi et la distribution générale des couleurs. Si, moins heureux que leurs guides habiles, ils ne manierent pas le pinceau avec le même succès ; si, plus foibles dans la science des contours, et n'ayant pas fait les mêmes progrès dans l'art de bien exprimer les passions, ils ne nous ont pas laissé de ces chefs-d'œuvre qui captivent l'ame, l'élevent, et produisent sur elle une illusion complete ; l'on ne voit pas sans plaisir régner dans leurs productions un beau choix d'attitudes, une touche aimable et facile, des couleurs simples mais agréables, & sur-tout un naturel et une naïveté qui enchantent : toutes parties qui, portées à leur perfection, ne nous permettent pas de douter des effets surprenants que la peinture ancienne a faits tant de fois sur les esprits sensibles et toujours prêts à se laisser émouvoir, et qui doivent nous faire concevoir la plus haute idée de l'habileté des grands Peintres de l'antiquité.

C'en est assez pour nous rendre infiniment précieux le petit nombre de peintures antiques que le temps a épargnées, et nous ne pouvons trop nous féliciter quand il se fait quelque nouvelle découverte en ce genre. Raphael fut témoin des premieres qui se firent au commencement du seizieme siecle. Les ruines du superbe et vaste palais que l'Empereur Titus avoit fait construire sur le mont Esquilin étoient plus considérables et moins délabrées qu'elles ne paroissent aujourd'hui : on découvrit, en les fouillant, une suite de chambres assez entieres, dont les plafonds, ainsi que les murailles, conservoient encore quelques unes des peintures dont elles avoient été décorées anciennement. Les décombres sous lesquels ces chambres étoient ensevelies avoient empêché l'air d'y pénétrer; et comme il n'avoit pu mordre sur les couleurs, elles parurent dans leur ancien éclat, et s'y conserverent pendant quelque temps.

L'amour de l'antiquité, l'utilité que Raphael avoit retirée de son étude, conduisirent ce grand Peintre dans ces souterrains : il y entra, et fit copier par ses Éleves tout ce qui lui parut capable d'améliorer ses idées, ou qui pouvoit lui en suggérer de nouvelles. Personne n'ignore combien il fut particulièrement affecté de la façon dont il y vit les ornements traités; il admira le mélange des feuillages, des fleurs, des animaux, des figures humaines, et de cent autres objets qui, sans avoir aucun rapport entre eux, soutenoient, en quelques endroits, de petits bas-reliefs de stuc ingénieusement enlacés, formoient l'ensemble le plus agréable, et présentoient une totalité sur laquelle l'œil se promenoit avec d'autant plus de satisfaction, que les couleurs les plus riches et les plus brillantes en augmentoient l'agrément.

Raphael, frappé d'une nouveauté si piquante, résolut d'en profiter; et, pour travailler avec plus de certitude, il sentit la nécessité, non seulement de s'assurer des formes, mais de connoître encore la distribution et l'arrangement singulier des couleurs qui donnoient le jeu à toute l'ordonnance. M. MARIETTE conserve dans sa collection un des dessins coloriés qui furent faits à cette occasion et dans cette vue par Jean de Udine, celui des Disciples de Raphael qui a le mieux réussi à peindre des ornements. On remarque, dans cette belle étude, avec quelle attention cet Éleve imitoit la peinture antique jusques dans les plus petits détails.

Les ornements connus sous le nom de GROTESQUES, dont les loges du Vatican sont enrichies, furent le fruit du parti que Raphael sut tirer de ces études; et s'il étoit permis de douter de la fécondité et de la richesse de son heureux génie, on seroit tenté de croire qu'il n'auroit fait que copier ce qu'il avoit vu dans les Thermes de Titus, tant il y a de conformité entre ses compositions agréables, et ce que les Anciens ont fait dans le même genre.

On ignore si ce grand Peintre fit copier avec les mêmes soins et avec autant d'ardeur les sujets de composition qu'il dut découvrir dans le même lieu; car la collection de ses études d'après des peintures antiques est dissipée ou cachée dans l'obscurité de quelque cabinet inconnu. Les dessins coloriés que le Cardinal Camille Massimi, étant Nonce en Espagne, vit dans la bibliotheque de l'Escurial, en faisoient peut-être partie.

Cet ami des arts et de ceux qui les cultivoient, qui lui-même manioit quelquefois le crayon, et qui avoit appris à l'école du savant Poussin à estimer l'antique, sentit tout le prix d'un recœil de dessins si rares. Il obtint la permission d'en tirer des copies; et, de retour en Italie, il s'en servit pour y animer le goût de la peinture antique. Le Commandeur dal Pozzo, lié pareillement d'estime et d'amitié avec le Poussin, entra dans les vues du Cardinal; il montra le même desir de perpétuer, autant qu'il étoit possible, les peintures antiques qui avoient été découvertes jusqu'alors, et celles qui le pourroient être dans la suite : tous deux travaillerent de concert, et bientôt ils composerent des recœils considérables de dessins coloriés, pris d'après les monuments de ce genre. Celui du Cardinal Massimi, après être demeuré assez long-temps entre les mains de ses héritiers, a été transporté en Angleterre; mais je ne puis dire quel a été son sort depuis la mort du Docteur Mead, qui en avoit fait l'acquisition : et quant au recœil du Commandeur dal Pozzo, on sait que le Pape Clément XI l'avoit fait passer, avec tous les autres manuscrits de cet illustre amateur de l'antiquité, dans son cabinet particulier, et qu'il en faisoit ses délices.

Presque tous les dessins dont ces deux recœils étoient composés furent exécutés par Pietre Sante Bartoli, de Pérouse : et si quelqu'un qui s'occupe d'un objet pendant toute sa vie, et qui s'y livre par goût, autant et peut-être encore plus que par des vues intéressées, y est plus propre et doit mieux réussir qu'un autre, cet Artiste a dû rendre avec une extrême vérité les antiquités dans ses dessins et dans ses gravures ; aussi a-t-on pris depuis long-temps cette idée avantageuse de lui et de ses productions. Sans doute que l'importance de la matiere qu'il traitoit a fait user d'indulgence et oublier les défauts d'un Dessinateur qui donnoit beaucoup trop à sa maniere, qui exprimoit presque toujours le trait de l'antique avec pesanteur, et qui, par conséquent, en faisoit plutôt la charge que le portrait. Les différents ouvrages qu'il a publiés sur les antiquités de Rome, les taches qui les déparent, et le succès dont ils ont été pourtant accompagnés, font la preuve de ce que j'avance. Il seroit inutile d'en donner ici le catalogue : il suffit d'observer qu'avant Pietre Sante, personne n'avoit rien fait paroître sur les peintures antiques, et qu'il est le premier qui, les ayant gravées, nous les ait fait connoître. Ce fut à l'occasion suivante :

En 1674, des ouvriers qui travailloient à la réparation de l'ancienne Voie Flaminienne, découvrirent, par un pur hasard, à un mille et demi au-dessus de Ponte-Molle, un tombeau qui étoit caché depuis très long-temps sous terre, et dont tout l'intérieur se trouva rempli de peintures exécutées à fresque. Tout devient précieux quand il est rare ; et ces peintures, tout au plus du temps des Antonins, et qui même étoient l'ouvrage d'un Peintre assez médiocre, furent regardées avec respect, et du même œil qu'on auroit envisagé un tableau de Zeuxis ou d'Apelles. Une inscription qui fut trouvée dans le même lieu, et où se lisoit le nom de Nason, en apprenant que ce tombeau avoit appartenu à cette famille romaine, rendit la découverte encore plus intéressante : on publia que cette famille étoit la même que celle d'Ovide, et que le portrait de ce poëte célebre se trouvoit dans une des peintures.

A cette nouvelle toute la ville de Rome courut sur le lieu ; et le Cardinal

Massimi, dont le zele égaloit les lumieres, ne vit point avec indifférence un monument si respectable et si singulier toucher à sa fin.

Il savoit par expérience que des peintures qui ne s'étoient conservées dans leur premier éclat que parceque l'air n'avoit point agi sur elles, s'effaceroient aussitôt que cet élément cruel viendroit à les frapper; et il ne s'occupa que des moyens de réparer, par quelque équivalent, le malheur de leur perte prochaine. Il appella Pietre Sante, et le chargea de prendre des copies fideles de toutes ces peintures. Mais cette attention ne satisfaisant point assez l'empressement du Public, dont la curiosité augmentoit à mesure que le monument acquéroit de la célébrité, Pietre Sante en donna des estampes en 1680, et les publia avec de savantes explications composées par le Bellori.

La préface qui fut mise à la tête de cet ouvrage faisoit mention des autres morceaux de peinture antique qu'on voyoit à Rome, et Pietre Sante sembloit contracter, par cette annonce, un engagement avec le Public; il lui faisoit au moins naître le desir de les voir gravés de sa main. Il ne tarda pas à lui donner cette satisfaction; il fit paroître, en 1697, un recœil de Sépulcres antiques, qui contenoit les peintures de la pyramide de Cestius, * plusieurs compositions de grotesques ou ornements qui décoroient l'intérieur de différents tombeaux, et principalement ceux qui furent découverts, de son temps, dans un terrein occupé par la vigne Corsini; réservant pour un ouvrage séparé quelques planches qu'il avoit déjà préparées, et qui, jointes à d'autres qu'il se proposoit de graver dans la suite, devoient former un corps complet de toutes les peintures antiques dont on avoit connoissance.

L'exécution d'un si beau projet fut ralentie par la mort du Bellori, sur l'étendue des lumieres duquel Pietre Sante se reposoit pour l'explication des planches qu'il préparoit. Bientôt Pietre Sante mourut lui-même, et l'entreprise avorta. Tout incomplet qu'étoit l'ouvrage, le public ne le

---

* On trouvera ces Peintures dans la seconde partie de cet ouvrage : elles sont cotées N° xxxvi et suiv.

demandoit pas avec moins d'instance ; et François Bartoli, fils de Pietre Sante, lui en fit présent en 1706. M. de la Chausse voulut bien suppléer, par ses savantes explications, à celles que le Bellori devoit fournir. Les planches n'étoient qu'au nombre de vingt-quatre, encore n'y avoit-il que les quatorze premieres qui représentassent des morceaux de peinture. Ce qui donnoit une certaine consistance à ce livre, étoit une seconde édition du Tombeau des Nasons, et seize planches nouvelles servant de supplément aux Sépulcres antiques déjà publiés.

Je n'ai point vu l'édition du livre des Peintures antiques qu'on vient de renouveller à Rome depuis quelque temps ; je n'ai pas même entendu dire qu'elle fût grossie d'augmentations fort considérables : mais en quelque état qu'elle soit, on s'appercevra toujours que c'est un ouvrage posthume, et qui n'a pas, à beaucoup près, été conduit à son terme. Ce n'est pourtant pas la seule chose qu'on puisse y desirer ; en partant des descriptions mêmes de chaque peinture, on sent naître le desir de voir comment les couleurs y étoient distribuées, et quel effet il résultoit de leur union.

Le sieur George Turnebull, Anglois, paroît avoir été occupé de cette idée, lorsqu'il a publié à Londres, en 1740, les cinquante planches qui terminent son traité de la Peinture ancienne. Il en avoit trouvé les dessins dans cette collection du Docteur Mead dont j'ai fait mention plus haut ; le riche cabinet du Cardinal Alexandre Albani lui en avoit fourni plusieurs autres ; il fit copier celles que les Princes de la Maison Farnese avoient fait transférer à Parme, lorsqu'on découvrit, il y a environ trente ans, dans leur jardin, sur le mont Palatin, une chambre de bains dépendante du palais des Césars ; et il étoit encore entré dans quelques cabinets aussi célebres, et en avoit tiré les plus belles peintures antiques qui y étoient conservées.

Quel succès ne devoit-il pas attendre d'une si ample et si utile moisson ? De pareilles recherches ne lui permettoient pas de douter que le Public éclairé applaudiroit à son zele et lui sauroit gré de ses soins. Il crut cependant les devoir pousser encore plus loin. C'étoit trop peu pour lui d'avoir fait graver une premiere fois cette nombreuse suite de peintures antiques, en s'aidant de la méthode ordinaire, qui, comme tout le monde le sait, se contente d'exprimer les formes ou contours des choses, et de les faire paroître saillantes et de relief, au moyen de hachures ou de traits combinés en différents sens, et selon que le demandent la perspective et la distribution des ombres et des lumieres : l'auteur anglois a voulu accompagner, les trois premieres de ces peintures, chacune en particulier, d'une seconde planche simplement au trait, et où fussent désignées, par des chiffres correspondants à une explication particuliere, les couleurs de chaque objet, conformément à la peinture originale.

L'expédient est ingénieux, on ne peut en disconvenir; il ne me paroît point cependant suffisant encore ; il accorde trop, ce me semble, à l'imagination. C'est laisser à chacun la liberté de supposer des teintes, de les arranger et de les modifier à son gré ; et, en n'admettant que ce procédé seul, il est constant qu'avec les mêmes couleurs, et sans sortir des places qui leur seront assignées, il se fera des tableaux sans nombre, et dont aucun ne se ressemblera parfaitement. Il en est de cela comme de la description toute nue d'un ouvrage : quelque exacte et quelque précise qu'elle soit, elle ne laisse que des idées générales et vagues dans l'esprit de celui qui n'a pas vu l'ouvrage même. Que plusieurs Artistes entreprennent de peindre un tableau semblable à celui dont on leur aura mis sous les yeux la seule description, il résultera autant de compositions différentes qu'il y aura de personnes qui s'y seront exercées.

J'ai senti cet inconvénient : et voulant donner un ouvrage qui fît mieux connoître la peinture antique dans toutes ses parties, j'ai imaginé un moyen différent de celui auquel le sieur Turnebull avoit eu recours, et dont personne, à ce que je crois, ne s'est servi jusqu'à présent. Je ne sais si je me trompe, mais je pense qu'il est l'unique dont on puisse se promettre quelque espece de réussite.

Une suite fort curieuse de dessins coloriés que le hasard m'a fait tomber entre les mains, m'en a fait naître la pensée, et m'a, pour ainsi dire, mis sur la voie. Pietre Sante Bartoli est constamment l'auteur de ces dessins; ils sont exécutés d'après des peintures antiques, avec tout le soin dont cet Artiste étoit capable, et presque tous ont le mérite de la nouveauté. J'aurois pu me contenter de les faire graver tout simplement dans la maniere ordinaire : la beauté des compositions eût eu suffisamment de quoi plaire; mais, frappé du plaisir que font aux véritables connoisseurs les estampes qu'on nomme CLAIR-OBSCUR, et qui imitent si bien le lavis des dessins, j'ai pensé que des estampes coloriées dans le même esprit que les peintures, produiroient une satisfaction plus complete; et, ce qui me touche davantage, je me suis persuadé qu'il en résulteroit une augmentation de connoissances pour l'Art.

J'ai donc fait graver des planches au simple trait; et ce trait, gravé au miroir, en donnant la véritable position et le contour juste de chaque objet, guidera le Peintre à gouazze, dont il sera nécessaire d'emprunter le ministere, et lui servira à poser chaque couleur à sa véritable place. Car voilà comme je l'entends; les estampes dont j'ai fait graver les planches doivent être coloriées conformément à mes dessins, et l'on se servira, pour cela, de couleurs à la gomme, qui seront couchées avec le pinceau sur le papier, et qui imiteront, avec autant de fidélité qu'il sera possible, le travail de la peinture antique.

Je prévois que cette opération, qui a ses difficultés et ses longueurs, ne sera pas du goût de tout le monde, qu'elle exigera des soins que peu de gens voudront se donner; j'ai même lieu de craindre qu'on n'en soit détourné par une dépense qui paroîtra peut-être un peu trop considérable: cependant il seroit malheureux de ne pas trouver dans toute l'Europe trente personnes assez curieuses et assez désintéressées pour entrer dans mes vues, et je ne puis m'imaginer qu'elles me manquent.

Je n'en demande pas davantage, et je suis bien aise de les informer de la pureté de mes intentions. Je desire qu'elles sachent que je ne travaille que pour ceux qui, comme moi, aiment les Arts et s'occupent de leur avancement; que c'est pour eux seuls que j'ai fait la dépense des planches et de l'impression, qui n'est pas peu de chose, et que, pour ajouter à la valeur du présent que je leur en fais, je me suis déterminé à faire rompre les planches aussitôt que j'en aurai fait imprimer le petit nombre d'épreuves qui me sera nécessaire pour l'accomplissement de mon projet. Je les distribuerai sans acception de personne, et seulement à ceux qui me les demanderont avec promesse de les faire colorier d'après les originaux; et, pour leur en faciliter les moyens et rendre l'exécution plus commode, je déposerai mes dessins au Cabinet du Roi, qui veut bien ne les recevoir qu'à condition de les communiquer à ceux qui auront pris avec moi l'engagement que je leur impose.

J'ai des raisons pour croire que les trente-trois dessins que j'ai fait graver, ont fait autrefois partie d'un recueil plus nombreux. Je n'ai pas été assez heureux pour rassembler la totalité : mais c'est toujours beaucoup d'avoir fait une pareille découverte en France; et quand elle ne serviroit qu'à sauver de l'oubli quelques peintures antiques qui ne le cedent assurément à aucune des plus belles qui ont paru jusqu'ici, ce présent me paroît toujours digne du Public. Si mon exemple pouvoit engager ceux de qui nous attendons la représentation de toutes les antiquités découvertes sous les ruines d'Herculanum, à nous donner, de la même façon, les morceaux de peinture qui y ont été trouvés, je m'estimerois heureux d'avoir rendu ce service à la Peinture.

Au reste, je puis répondre de la fidélité du trait des planches que je donne. Deux Amateurs distingués par leur goût et par leurs talents ont bien voulu, par amitié pour moi, se prêter à mes vues; ils ont exécuté plus du tiers de ces morceaux; leurs ouvrages ne sont nullement inférieurs à ceux des habiles Graveurs de profession qui m'ont pareillement aidé dans l'exécution de cette petite entreprise.

EXPLICATION

DES

PEINTURES ANTIQUES

CONTENUES EN CE RECUEIL.

Par M. Mariette.

Avant que de faire la description des peintures antiques dont j'entreprends l'explication, je dois faire connoître les lieux dans lesquels on en a fait la découverte. Je vais donc parcourir et détailler, le mieux qu'il me sera possible, l'édifice qui nous a conservé celles par où commence ce recueil. Un plan général que j'en ai trouvé, et qui marche à la tête de ces peintures, m'en fournira les moyens.

Figure I.

Plan d'un édifice qui faisoit partie des Thermes de Titus, et dont on fit la découverte au mois de Juillet de l'année 1668, dans la partie de ces Thermes qui regarde le Colisée, et à la distance de 250 palmes romains de ce dernier monument. Ce bâtiment, qu'on estime être un ouvrage de Trajan ou d'Adrien, consistoit en plusieurs chambres (N°s. II. V. VI. VII. et VIII.) étant à la suite l'une de l'autre sans aucune communication, et toutes égales en grandeur, c'est-à-dire, de 23 palmes ou 16 pieds en tout sens. Leur ancien pavé subsistoit encore; c'étoit un assemblage de carreaux de marbre de diverses couleurs, formant un compartiment régulier dont on a un échantillon sur un des côtés du plan, avec un pareil échantillon des ornements mêlés de stuc et de peinture qui tapissoient la voûte de la chambre du fond (N°. II.) : cette voûte étoit la seule qui fût demeurée entiere; celles de toutes les autres chambres et de la plus grande partie du corridor voisin étoient tombées de vétusté.

On voyoit encore sur les murs de plusieurs de ces chambres, et singulièrement sur ceux des chambres (N°. v. et vi.), divers morceaux de peinture à fresque dont quelques uns seront donnés ensuite de ce plan. Chaque chambre étoit éclairée par une fenêtre percée dans le mur extérieur, et l'on y entroit par une porte qui faisoit face à la fenêtre et qui avoit son issue dans un long corridor voûté, de 16 palmes de largeur. Cette dernière piece étoit décorée de fontaines pratiquées de distance en distance dans des niches alternativement quarrées et circulaires, au fond desquelles étoient peints en mosaïque des monstres marins; et ces fontaines étoient placées vis-à-vis la porte de chaque chambre, et figuroient avec elle. Une semblable fontaine, mais plus vaste, terminoit le même corridor, et l'on y voyoit représentée pareillement en mosaïque une figure d'Apollon que Pietre Sante a gravée, et qui fait la seconde planche de son livre des Peintures antiques. Le surplus des murailles étoit anciennement couvert, à droite et à gauche, de peintures à fresque représentant des paysages, dont on appercevoit encore une portion assez bien conservée à l'endroit marqué (iv.); et le pavé de mosaïque étoit un assemblage de petits morceaux de verre rangés près l'un de l'autre, que renfermoit une bordure formée par deux listels, l'un couleur de pourpre, et l'autre de cinabre, ainsi qu'il est figuré sur un des côtés du plan. L'escalier (N°. ix.), qui étoit appuyé en dehors contre le mur de face de cet édifice, étoit destiné pour monter à un appartement supérieur dont il ne subsistoit plus rien; il arriva même, lorsqu'on déterra ce bâtiment, que le mur de face (N°. x.) écroula pendant une nuit, sans avoir laissé le temps de dessiner les ornements de stuc dont il étoit décoré extérieurement.

PEINTURES DE LA CHAMBRE N°. V.

Figure II.

On voit, dans la première de ces peintures, un jeune homme au-devant d'un portique, peut-être celui d'un temple; il est représenté nu, suivant l'usage des Grecs, qui ne figuroient point autrement leurs

Nella nostra raccolta del numero V;

héros; sa couronne montre qu'il a remporté le prix dans quelques jeux, où qu'il s'est signalé à la guerre. Il est, outre cela, coeffé d'un morceau d'étoffe qui, pour l'espece et la couleur, est semblable à la draperie que le même jeune homme porte, à la maniere des combattants, roulée autour de son bras gauche. Si l'on veut supposer que c'est un Gladiateur qui a changé d'état, et qui en vient remercier les Dieux dans leur demeure, cette coeffure sera le bonnet qui, en l'affranchissant, lui aura été donné en signe de liberté. Le long bâton qu'il tient de la main gauche sera, dans le même sens, le bâton appellé RUDIS, qui portoit l'exemption de combattre; et la couronne sera composée de feuilles de lentisque, qui étoit la récompense du Gladiateur victorieux.

FIGURE III.

UNE femme majestueusement drapée, portant un long sceptre, et posant le doigt sur sa bouche, comme pour s'avertir elle-même, ainsi que ceux qui l'approchent, de garder le silence; ce qui seul peut faire imaginer que c'est une Prêtresse. Cette peinture se trouve à gauche en entrant, dans la même chambre que le précédent tableau, et la figure qui y est exprimée étoit pareillement appliquée sur un fond brun tout uni. Les Anciens, qui aimoient les couleurs entieres, se plaisoient à donner à leurs peintures de ces sortes de fonds : ils ne manquoient guere aussi de les environner d'un listel, assez ordinairement couleur de cinabre, qui leur servoit de cadre.

FIGURE IV.

UNE jeune Prêtresse couronnée de fleurs; ses bras sont ornés de bracelets d'or; d'une main elle tient l'aspersoir, instrument usité dans les sacrifices, et qui servoit à purifier les assistants en les arrosant d'eau lustrale; de l'autre main, elle porte une patere couverte de fruits. Pour mieux faire goûter son offrande à la Divinité qu'elle sert, et se la rendre favorable, elle a pénétré jusques dans la partie la plus reculée et la plus secrete du temple, appellée le SACELLUM. Des colonnes d'ordre ionique, couronnées par un architrave, forment ici l'enceinte de ce lieu sacré; et sur le linteau de la porte qui y donne entrée, ainsi que sur un lambris à hauteur d'appui qui sépare ce réduit d'avec le reste du temple, sont posées des lampes ardentes; elles éclairent un lieu qui, toujours privé de lumiere, en devenoit plus propre à imprimer le respect.

FIGURE V.

DANS le nombre des explications qui se lisent sur le plan de l'édifice antique qui est à la tête de ce recueil, il s'en trouve une qui nous apprend que tout ce qui étoit peint dans la chambre (N°. VI.) devoit se rapporter à la fable d'Adonis. Je comprends très bien combien ce sentiment est susceptible de critique; mais comme il a été embrassé par M. de la Chausse, dans sa description des Peintures antiques publiées par Pietre Sante, le respect que j'ai attaché à tout ce qui vient de la part d'un antiquaire aussi éclairé fera que je ne m'en écarterai point. Je dirai donc avec lui que le beau jeune homme armé d'un thyrse et couronné de myrte, qui, dans le premier de ces tableaux, se repose à l'ombre d'un pavillon, est l'amant de Vénus, sous la figure de Bacchus. Je ferai pareillement remarquer que des deux Bacchantes qui l'accompagnent, l'une joue d'une double flûte recourbée en maniere de trompe, ce qui étoit fait pour en augmenter le son; et l'autre, ayant les cheveux épars et portant un thyrse dépouillé des feuilles de pin qui en couvrent ordinairement le fer, fait résonner l'espece de tambour dont on faisoit usage dans les bacchanales ou orgies, et qui étoit appellé CREPITACULUM.

FIGURE VI.

DANS le second tableau, et c'est encore de M. de la Chausse que j'emprunte cette explication, les trois Graces se tiennent par la main; et, dansant en rond, elles célebrent l'arrivée d'Adonis dans le monde. Cette Peinture, de même que la précédente, ayant déjà été gravée et publiée par Pietre Sante Bartoli dans son ouvrage intitulé: LE PITTURE ANTICHE, il semble qu'on auroit pu se dispenser de les faire paroître une seconde fois; ce qui est vrai dans la supposition que les premieres copies étoient fideles: mais comme il s'en faut beaucoup qu'elles ne le soient; que faute d'attention tous les objets y sont tournés dans un sens contraire aux tableaux, et que la description qu'on a faite de ces peintures manque

pareillement d'exactitude, et se trompe en plusieurs endroits dans l'indication des couleurs qui y ont été employées, l'on s'est cru obligé de
les reproduire de nouveau. L'extrême précision avec laquelle on s'en
acquitte, laissera regretter sans doute qu'on n'ait pu donner de la même
façon deux autres morceaux de peinture qui, dans le même lieu,
représentoient la naissance d'Adonis et son départ pour la chasse fatale
du sanglier qui doit couper le fil de ses jours; mais l'on n'a pas été assez
heureux pour les trouver dans la suite des dessins dont on fait part au
Public. Il faut se contenter, quant à présent, des estampes qu'en a publiées
Pietre Sante, qui nous apprend que les quatre tableaux originaux se
conservent à Rome dans le palais Massimi, où le Cardinal Camille les fit
transporter avec la partie du mur sur lequel ils étoient peints, presque
aussitôt qu'on en eut fait la découverte.

PEINTURES

TROUVÉES DANS UN AUTRE ÉDIFICE

dépendant des Thermes de Titus.

FIGURE VII.

CET édifice, qui étoit extrêmement orné, fut découvert en 1683 sous les décombres dont il étoit enveloppé de toutes parts. Il étoit voisin d'un grand réservoir qui fournissoit les eaux aux Thermes de Titus, et qu'on connoît sous le nom des SEPT SALLES; et par rapport à ce dernier bâtiment, il étoit assis tirant vers l'occident. Le plan fait voir qu'il étoit de forme quarrée, et qu'il avoit dans œuvre 78 palmes romains, ce qui revient à 54 de nos pieds-de-roi. C'étoit dans sa premiere construction un salon du genre de ceux que Vitruve nomme Salle corinthienne, dont le milieu étoit séparé des galeries qui régnoient au pourtour, par douze colonnes d'ordre corinthien. Ces colonnes cannelées et isolées avoient leur entablement qui profiloit tant du côté de la salle que du côté des galeries, et sur lequel venoit s'appuyer la retombée des plafonds formés en plein ceintre ; mais il paroît que dans des siecles postérieurs la forme de cet édifice avoit été considérablement altérée. On y avoit ménagé des chambres aux quatre encoignures, et l'on avoit pour cela engagé dans des murailles postiches les colonnes qui auparavant étoient isolées. C'est ainsi que l'indique le plan que je produis, du moins pour la partie qui se présente à droite en entrant, et qui y est marquée du nombre II. Les endroits désignés par ces autres nombres III, IV, et V, sont ceux où l'on trouva dans les plafonds des peintures que l'on donnera à part à la suite de ce plan. Celle qui ornoit anciennement le plafond au-dessus de la porte d'entrée (N°. VI.) ne subsistoit plus.

FIGURE VIII.

CETTE coupe donne la décoration intérieure du précédent édifice. On voit qu'il n'étoit éclairé que par une ouverture (N°. I.) pratiquée au centre du plafond, comme à la rotonde; et l'inscription italienne dont le dessin est accompagné nous apprend que la terrasse qui couvroit l'édifice et qui lui servoit de toît (N°. II.) étoit pavée de petites pieces, apparemment de marbre, formant une mosaïque très fine. La voûte ou calotte (N°. III.) étoit enrichie intérieurement de Grotesques exécutées en mosaïque, ainsi qu'on pouvoit en juger par le peu qu'il en restoit; car cette partie de l'édifice étoit en assez mauvais ordre, à la différence des plafonds de trois des bas-côtés (N°. IV.), où subsistoit encore dans chaque milieu une composition d'ornements de fort bon goût, peinte à fresque, telle qu'on la verra représentée dans la planche suivante. Des marbres rares de diverses couleurs (N°. V.), mais dont la plus grande partie paroissoit avoir déjà été arrachée lorsqu'on fit la découverte de cet édifice, en incrustoient toutes les murailles. Les colonnes (N°. VII.) se montrent dans leur ancienne et premiere position, c'est-à-dire, isolées: elles ne paroissent plus du côté (N°. VI.), et à leur place sont les nouveaux murs, les portes des chambres pratiquées aux encoignures, et de petits pilastres dont les chapiteaux, faits de pieces de rapport, reçoivent la retombée de l'archivolte des quatre grandes arcades qui, dans la derniere construction, partagent l'édifice, et lui font avoir, par le plan, la forme de ce que nous appellons une Croix grecque.

FIGURE IX.

COMPARTIMENT d'ornements du genre de ceux auxquels on a donné le nom de Grotesques, et qui étoit peint à fresque dans le plafond d'une des galeries du précédent édifice. C'étoit dans celle qui fait face à l'entrée de la salle. Les plafonds des parties latérales ne différoient pas beaucoup de celui-ci pour la composition générale, et ne pouvoient varier que dans les détails. On voit au centre, dans une forme octogone, une figure ailée dont on trouvera la représentation plus en grand dans le morceau suivant.

Explication
Figure X.

La déesse Flore : elle voltige dans les airs, et se pare d'une couronne de fleurs. Cette peinture, celle qui la suit, et une troisieme dans laquelle M. de la Chausse a cru reconnoître l'apothéose de Faustine la jeune, et qui étoit dans le même lieu, sont encore du nombre de celles que Pietre Sante a publiées dans son Ouvrage des Peintures antiques, mais avec les mêmes défauts qu'on a déjà fait observer.

Figure X I.

L'Aurore, précédée d'une des Heures, et toutes deux portant des couronnes et les fleurs dont elles vont embellir la face de la terre. L'ancien Peintre a judicieusement vêtu ces deux figures d'étoffes fines et légèrement teintes de couleurs douces et changeantes. Ce sujet occupoit le milieu du plafond dans la partie marquée iii sur le plan.

Loro misura nella medesima ... senza ... di essa, con le laterali segnate A.B.

AUTRES PEINTURES

QUI DÉCOROIENT LES THERMES DE TITUS.

FIGURES XII, XIII, ET XIV.

CE morceau de peinture et les deux qui le suivent, et qui étoient à sa droite et à sa gauche, composoient ensemble une espèce de frise dans une des chambres des Thermes de Titus. Je n'ose assurer que ce fût dans l'édifice par où l'on a fait commencer ce Recueil, quoique j'y voie quelque vraisemblance. Ce que je puis donner pour constant, c'est que la peinture étoit placée au-dessus de la porte d'entrée de la chambre qui en étoit décorée; et pour en achever la description, j'ajouterai que dans la partie du milieu, au travers d'une ouverture précédée par un porche soutenu de colonnes, dont celles qui se présentent les premieres sont cannelées en spirale, l'on remarque la déesse Bellone qui, appuyée sur son bouclier, le casque en tête, et couronnée de laurier, tend la main à une femme qui l'aborde en suppliante, et qui, tenant une branche d'olivier, représente sans doute la Paix, ou quelque Province lasse de se voir désolée par la guerre.

Dans le tableau à gauche marqué de la lettre A, Hercule se sépare de la déesse des combats, et part, sur l'assurance qu'elle lui donne des plus heureux succès. Cette même ordonnance, représentée fort grossièrement sur un verre antique, a été rapportée par l'illustre Sénateur Buonarroti dans ses savantes Observations sur des fragments de verres antiques, (Pl. 27. pag. 184.) Le savant antiquaire est persuadé que c'est Pallas introduisant Hercule dans le séjour des dieux.

La même déesse paroît assise dans le tableau à droite marqué B, et met une bourse entre les mains d'un athlete dont le bonnet annonce une origine phrygienne. Il a pour arme une espece de javelot muni à son extrémité d'un harpon ou crochet semblable à celui qu'on voit entre les mains de Persée, sur quelques pierres gravées antiques, et qu'on croit être l'arme que les Grecs nommoient HARPÈ. Ces deux derniers sujets se font voir à travers l'ouverture d'une porte couronnée d'un fronton ceintré, et revêtue de marbres précieux.

FIGURE XV.

THÉSÉE, suivi d'un autre héros de la Grece, combattant contre deux Amazones, reconnoissables à la forme de leur bouclier et à l'habit court dont elles sont vêtues : il lance contre elles une balle de cuivre. Cette peinture, dont on ne peut trop admirer la belle ordonnance, a reparu en 1684, près du bâtiment des SEPT SALLES, dans les ruines des Thermes de Titus. Et ne diroit-on pas qu'Annibal Carrache en avoit déjà eu connoissance? car, peut-on desirer plus de conformité qu'il n'y en a entre l'attitude de la premiere des deux Amazones qui darde ici un javelot, et la position du soldat auquel il a fait faire un semblable mouvement dans son tableau de Persée, de la galerie de Farnese? Il n'est point douteux que ce grand Peintre a visité les Thermes de Titus, et que, touché de l'excellence des peintures antiques qu'il y vit, il en a dessiné plusieurs. Il a donc pu entrer dans le souterrain qui renfermoit celle-ci : et loin de lui vouloir faire un crime d'avoir profité de sa découverte, il n'en est, à mon avis, que plus estimable. Son bon choix fait l'éloge de son goût; et la beauté supérieure de l'attitude qu'il s'est appropriée montre en même temps de quelle utilité est, pour les Artistes les plus consommés, l'étude de l'antique.

FIGURE XVI.

UNE femme attirant à elle un homme qu'elle tient par la main : peut-être Vénus et Anchise. Le dessin marque que cette peinture étoit voisine d'une porte indiquée par la lettre G; mais n'ayant pas le plan de l'édifice auquel cette lettre renvoyoit, l'on ne peut dire positivement en quel endroit des Thermes de Titus ce morceau a été découvert.

Vue à Vol d'oiseau de la ...

PEINTURES

en fouillant le terrein de la Vigne Corsini, hors la porte Saint-Pancrace, à la fin du dernier siecle.

FIGURE XVII.

LA décoration intérieure d'une de ces chambres sépulcrales aux-quelles la disposition des urnes funéraires dans des niches à plusieurs étages a fait donner anciennement le nom de COLUMBARIUM. Chaque famille un peu puissante avoit ordinairement la sienne. Les quatre faces de celle-ci présentoient une décoration uniforme. On a choisi celle où étoient placées la porte (N°. I.) par laquelle on descendoit autrefois dans ce tombeau, et une petite fenêtre (N°. II.) qui y faisoit entrer un très foible jour; cette fenêtre étant au milieu de deux Génies, et au-dessous d'un enlacement de ceps de vigne qui étoient peints en cet endroit sur le mur, c'est-à-dire dans la partie ceintrée la plus voisine de la voûte. Le surplus des murs en contre-bas étoit divisé en trois parties à-peu-près égales, par un membre d'architecture, et par des bandes alternative-ment peintes en bleu et en cinabre. La plus élevée étoit la plus enrichie; on y voyoit peints des vases et des guirlandes de fleurs : et dans toutes les trois étoient creusées dans le mur et arrangées symmétriquement, à l'à-plomb l'une de l'autre, quatre rangées de niches (N°. III.) en forme de cul de four, renfermant chacune deux urnes cinéraires dont il ne parois-soit que le couvercle, le surplus étant maçonné dans le mur. Les noms des personnes auxquelles appartenoient les cendres étoit écrit dans des cartels (N°. IV.) placés et peints au-dessus de chaque niche : mais le temps avoit tellement effacé ceux-ci, qu'à peine en put-on lire quelques uns. L'échelle qui accompagne ce dessin sert à en mesurer toutes les parties, et fait voir que cette chambre avoit en quarré dix palmes et demi, ou un peu plus de sept pieds. Pietre Sante avoit déjà présenté dans son livre des Sepolcri antichi (Pl. 5) la même décoration de chambre dans un autre aspect.

Figure XVIII.

Compartiment d'ornements peints dans le plafond de la précédente chambre sépulcrale. On y apperçoit au centre un cheval ailé qui, dans la Théologie des Païens, étoit destiné à transporter les ames au séjour des bienheureux. Ce plafond se trouve encore gravé par Pietre Sante Bartoli, dans l'ouvrage que je viens de citer (Pl. 6.); mais les proportions en sont fort différentes.

Figure XIX.

Grotesques peintes dans la partie ceintrée, appellée lunette, d'une des chambres sépulcrales de la vigne Corsini. Entre des guirlandes de fleurs et divers instruments de musique, des flûtes à plusieurs tuyaux, des cymbales et des tambours de Bacchantes, paroît un petit tableau dans lequel deux aigles semblent veiller à la garde d'un vase rempli de nectar. Pietre Sante a gravé cette composition d'ornements dans la neuvieme Planche de son livre des Sépulcres antiques.

Figure XX.

L'intérieur d'une autre chambre sépulcrale magnifiquement décorée, et qui fut déterrée au même endroit que les précédentes. Elle a été pareillement gravée et publiée par Pietre Sante dans l'ouvrage cité ci-dessus (Pl. 13.), mais avec moins d'exactitude qu'on ne le fait ici; cet artiste n'ayant pas même eu la précaution de graver sa planche au miroir, afin qu'elle fît voir à l'impression les objets du même sens que dans l'original. Le sujet peint dans la partie ceintrée ou lunette représente une ame qui traverse le Cocyte, et qu'attendent d'autres ames qui jouissent du bonheur de l'Elisée. On voit plus bas un grand sarcophage de marbre blanc logé en partie dans le mur, et destiné à renfermer les cendres de celui qui avoit fait la dépense de ce monument. On peut croire que c'étoit un homme riche en terres et en biens de campagne, et que pour

D·   M·
P·VALIVS·TROFIMVS
FECIT·SIBI·ET
LIBERTIS·LIBERTA
BVSQVE·MEORVM

se nourrir de cette douce idée, même dans le tombeau, il a voulu qu'on représentât dans le tableau qui sert de couronnement à son sarcophage, le paysage et tous les animaux domestiques dont il est meublé, et dont il fut possesseur pendant sa vie. Le jeune homme et le vieillard qui sont aux côtés de cette peinture, et qui soutiennent au-dessus une guirlande de fleurs, font souvenir que la mort exerce son pouvoir sur tous les âges.

L'on a dans le contour extérieur tout le profil de l'édifice, qui étoit revêtu de grands pilastres d'ordre corinthien; et l'on remarque dans l'épaisseur des murs le renfoncement des niches, et comment y étoient maçonnées les urnes cinéraires. Ce tombeau étoit celui de P. ÆMILIUS TROFIMUS, et devoit aussi servir aux familles de ses affranchis. C'est ce que dit l'inscription qu'on voit au pied du dessin, et qui est la même qu'on trouvera placée au-dessus de la porte par laquelle on entroit dans ce sépulcre.

FIGURE XXI.

LES peintures du plafond du précédent tombeau. Elles sont d'un goût exquis, n'ont point encore été données, et serviront à compléter ce que Pietre Sante a publié sur les tombeaux de la vigne Corsini dans son Ouvrage des SEPOLCRI ANTICHI. On sait que Mercure étoit chargé de conduire les ames aux enfers; aussi occupe-t-il la principale place dans cette composition d'ornements. Les pavots qu'il tient sont une image du sommeil éternel dans lequel les hommes sont ensevelis après leur mort.

FIGURE XXII.

AUTRE compartiment d'ornements peints dans le plafond d'une des chambres sépulcrales de la même vigne Corsini. Il a le même mérite que le précédent, celui de paroître pour la première fois, et d'être agréablement composé.

PEINTURES

DÉCOUVERTES DANS UN SOUTERRAIN,

au Jardin des Religieux Camaldules de S. Grégoire, sur le mont Celio,
sous le Pontificat d'Alexandre VII.

FIGURE XXIII.

LE plafond de cette chambre a cela de remarquable, qu'on y voit dans cinq médaillons, et au milieu d'une assez riche composition d'ornements, les portraits de toute la famille, homme, femme et enfants, pour qui l'édifice a indubitablement été construit. On ne le croit pas exécuté dans les meilleurs siecles. Les médaillons étoient environnés d'une bordure en relief et dorée, et l'on en trouve le profil dans un des coins de la planche.

FIGURE XXIV.

UN beau jeune homme et sa compagne, assis sur une roche au milieu de la mer, d'où ils regardent des enfants qui se jouent dans les flots, et d'autres qui, montés dans des barques, s'exercent à la pêche, ou font retentir l'air de leurs chants et du son de leurs instruments. Le jeune homme, coeffé singulièrement, tient une coupe et une couronne de fleurs. C'est peut-être Bacchus avec Ariadne dans l'isle de Naxos. Cette peinture, dont la forme est un demi-ceintre, occupoit la principale face de la chambre dont on voit le plafond, et se joignoit à la voûte.

FIGURE XXV.

LA naissance de Vénus. Cette déesse, parée des graces de la jeunesse, fend les flots qui l'ont vue naître. Des Amours voltigent autour d'elle. Ce tableau, plus petit que le précédent et de la même forme, occupoit une place dans la même chambre. On ne peut qu'être choqué de la disproportion des figures qui entrent dans sa composition; & de-là l'on peut juger que la peinture étoit alors dans la décadence, et approchoit de sa

chûte. Il y a apparence que ces morceaux de peinture sont ceux dont l'abbé du Bos fait mention dans ses Réflexions critiques sur la Poésie et la Peinture, tome I, page 351, et qu'il avoit vues sur le mont Celio.

AUTRES PEINTURES

TROUVÉES DANS ROME.

FIGURE XXVI.

CET assemblage de trois tableaux peints sur la même muraille formoit une espece de frise qui, posée sur un soubassement autrefois incrusté de marbres précieux, étoit encore couronnée à la hauteur de neuf palmes, prise de dessus le pavé de la chambre, par un bandeau de marbre, lequel étoit surmonté d'un astragale de même matiere. Des trois tableaux, celui du milieu représente une Prêtresse qui immole un belier; et dans ceux qui sont à droite et à gauche, un homme et une femme, nus et couchés sur des lits, tendent la main vers le ciel, ce qui, chez les anciens, étoit un acte d'invocation, et ce qui fait présumer en même temps que c'est pour eux que se fait le sacrifice. Ce morceau de peinture occupoit toute la façade d'une chambre qui fut découverte dans un jardin placé à main droite d'une rue qui conduit à Saint-Étienne-le-Rond. Les marbres rares dont elle étoit incrustée se trouverent répandus sur le pavé et mêlés avec d'autres décombres. La lettre E qui se voit sur le dessin dont on donne la copie, semble être un indice de plusieurs autres peintures qui avoient été dessinées dans le même lieu; et je regrette fort de ne pouvoir point en donner l'explication ni la figure.

FIGURE XXVII.

UNE vieille femme assise à terre et se reposant. Une quenouille qui est entre ses bras lui a fait donner le nom d'une des Parques. Ce fragment de peinture antique, qui, pour la maniere, est tellement dans le style de Michel-Ange, qu'on le prendroit aisément pour une des

productions de ce grand Artiste, faisoit autrefois partie d'une composition d'ornements, à en juger par les arrachements de rinceaux et de
feuillages qui sont demeurés dans le fond. Il fut découvert en 1656 sur
le mont Celio dans des ruines qu'on prétend avoir appartenu au palais
de la famille des Laterani, et se conserve dans le palais Barberin. On en
avoit déjà une représentation, mais fort imparfaite, dans un Traité de la
Peinture des Anciens écrit en anglois par George Turnbull, et imprimé
à Londres en 1740.

Figure XXVIII.

Le fragment d'une frise, dans laquelle des enfants se jouent avec un
rinceau d'ornement, qui, au lieu de fleurs, produit en quelques endroits
des animaux et des figures fantastiques. L'exécution en est excellente, à ce
qu'assurent ceux qui ont considéré, dans le palais Farnese, cette peinture
antique ; elle y a été transférée des ruines de la ville Adrienne, et l'abbé
du Bos en parle dans l'endroit de ses Réflexions critiques où il fait l'énu-
mération des peintures antiques qu'on voyoit à Rome dans le temps
qu'il y étoit.

Figure XXIX.

Un autre fragment de frise, dans lequel sont représentées des femmes
ailées ou des Victoires. Elles posent sur des fleurons en forme de plateau,
d'où prennent naissance des rinceaux d'ornements de fort bon goût. Ce
morceau de peinture, qui plaît dans sa noble simplicité, fut découvert en
1689, dans une vigne hors de la porte de Saint Sébastien, vis-à-vis de la
chapelle qui a été construite à l'endroit où Jésus-Christ apparut à
Saint Pierre et lui prédit le genre de son martyre, et qui, pour cette
raison, a retenu le nom de Domine, quò vadis ?

Figure XXX.

La pompe d'un triomphe. Celui qui jouit ici de cet honneur suprême
est monté dans un char attelé de deux chevaux richement harnachés et
ayant sur la tête des aigrettes d'or. Il est revêtu de l'habit dont se paroient
les triomphateurs ; c'étoit une étoffe de pourpre brodée en or. On nommoit cette robe toga picta ; et si l'on est curieux de savoir plus

particulièrement en quoi elle consistoit, je conseille de lire ce qu'en a écrit le Sénateur Buonarroti dans ses excellentes observations sur des fragments de verres antiques (pag. 247 et suiv.). Le triomphateur donne de la main droite un signal. Je ne doute point que ce ne soit celui d'une distribution de grains; elle me semble indiquée par les différentes mesures éparses à droite et à gauche du char, et que se disputent deux grouppes d'hommes qui veulent se les approprier. Quatre cavaliers marchent sur les côtés du même char, et portent de longues trompes. Ce sujet intéressant le devient encore davantage par la façon dont il est agencé. Il occupe la partie supérieure d'un grand tapis d'étoffe verte rayée de jaune, qui paroît un ouvrage égyptien; la bande, ou ce qui sert de bordure au tapis, étant remplie de divinités de ce pays, et de prêtres de la même nation qui leur rendent un culte religieux.

Ce qui est écrit au bas du dessin nous avertit que cette peinture avoit son pendant, et que pour en donner une représentation fidele, il avoit fallu recourir à un autre dessin qu'avoit fait faire le Commandeur Charles-Antoine dal Pozzo, dans le temps que l'ouvrage étoit plus en son entier, et avant que le Cardinal Massimi eût fait enlever de dessus la muraille la partie qui représente le triomphe.

On auroit pu observer encore que cette peinture étoit un ouvrage de marbres de rapport; que, dans celle qui en faisoit le pendant, l'enlevement d'Hylas étoit représenté en place du triomphe; que l'une et l'autre entroient autrefois dans la décoration d'un ancien édifice, converti en une église aujourd'hui détruite, nommée Saint-André in Barbara, dans le voisinage de Sainte-Marie-Majeure; et que le palais où le Cardinal Massimi les avoit fait transporter est le même qui, après avoir été occupé par le Cardinal Nerli, l'est aujourd'hui par la famille Albani, aux quatre Fontaines. Tout cela se trouve rapporté dans le premier volume de l'ouvrage du Ciampini, intitulé Vetera Monimenta, avec une représentation fort mauvaise de ces deux anciennes peintures, et une explication qui est particuliere à cet auteur, et à laquelle je n'ai pas cru devoir me conformer.

F I G U R E XXXI.

Un tableau en mosaïque, que l'écrit joint au dessin dit avoir été trouvé dans un jardin appellé del Carciofalo. Le combat du Mirmillon et du Rétiaire, et la victoire que l'un de ces deux gladiateurs remporte sur son adversaire, y sont représentés. Cette double action met deux sujets dans le même tableau, qui, comme l'on voit, se trouve partagé en deux portions égales. Dans la premiere, un Rétiaire, nommé Kalendio, la tête découverte, et n'ayant pour toute défense qu'un petit bouclier quarré posé sur le haut de l'épaule gauche, reconnoissable sur-tout au trident que le Peintre a eu soin de représenter auprès de ce gladiateur, et qui étoit en effet l'arme dont il se servoit, attaque vivement le Mirmillon ; et ce dernier, couvert de son large bouclier, le casque en tête et l'épée à la main, s'avance avec fermeté, quoiqu'enveloppé de l'ample filet que le Rétiaire a déjà jetté sur lui.

Chaque gladiateur avoit son nom de guerre, et le Mirmillon est appellé ici Astianax. Ils avoient aussi des maîtres de qui ils dépendoient, qui les louoient, et qui présidoient à leurs combats. Le Rétiaire est suivi du sien, qui, revêtu d'une tunique singuliere, et une haste à la main, étend le bras droit, et par ce geste excite les deux combattants à ne se point ménager.

La fin de leur combat est exprimée dans la seconde partie du tableau. Le Rétiaire, qui a changé d'arme, et qui n'a en main qu'une courte épée, a reçu une blessure, et est renversé par terre, prêt à expirer ; aussi l'inscription du tableau porte-t-elle qu'Astianax est vainqueur, Astianax vicit, tandis qu'à la suite du nom de l'autre gladiateur, Kalendio, on voit la même note * qui étoit d'usage dans les jugements, et qui, lorsqu'elle accompagnoit le nom d'un criminel, apprenoit qu'il étoit condamné à mort. C'est une lettre O traversée diagonalement par une

---

* Cette note se rencontre encore sur quelques inscriptions funéraires rapportées par Gruter, et ce savant antiquaire ne lui donne pas d'autre signification que la mienne.

ligne droite qui répond au mot OCCIDIT, (IL EST MORT) ou bien un ϴ, premiere lettre du mot ΘÁΝΑΤΟΣ, qui, chez les Grecs, étoit le nom de la Mort; et c'est dans ce sens qu'Ausone l'a employé et en a fait le jeu de sa cent-vingtieme Épigramme contenant une invective qui finit par ce vers:

TUUMQUE NOMEN ϴ SECTILIS SIGNET.
Et qu'un thêta tranchant soit le seing de ton nom.

Les deux gladiateurs, dans cette partie supérieure du tableau, sont accompagnés du maître auquel ils appartiennent; et celui qui est derriere le Rétiaire paroît être accouru pour le secourir.

Cette peinture me semble avoir été faite sur le modele de celles qu'on exposoit en public, lorsqu'il falloit annoncer au peuple des combats de gladiateurs. C'est une mosaïque; et comme bien des personnes qui l'ont vue dans le palais Massimi m'ont assuré que le travail en étoit médiocre, et même assez grossier, je ne soupçonne pas sans fondement qu'elle a pu faire le pavé de quelque salle d'exercice ou d'escrime. La bordure qui l'entoure vient encore à l'appui de ma conjecture: elle est d'un genre singulier, et dont il y a des exemples dans les pavés des Anciens.

FIGURE XXXII.

CE pavé de mosaïque a 30 palmes ou 21 pieds en tout sens; et sur un fond composé de petits cubes de verre blanc, l'on voit représentées Amphitrite et trois nymphes de sa suite montées sur des monstres marins, divers poissons, et des amours tenant des tridents: toutes ces différentes figures sont exprimées au moyen de l'assemblage de petits morceaux de verre coloriés en noir.

Lorsque M. de la Chausse en donna l'explication dans le livre des Peintures antiques, il faut croire qu'il n'étoit guidé que par l'estampe qu'en a gravée Pietre Sante, et qui n'est pas autrement exacte: s'il eût vu le monument en original, il n'auroit pas manqué de faire observer le rond de porphyre qui est au centre, et qui, percé de huit trous dans les intervalles des rayons d'une étoile en bas-relief, servoit d'issue à l'eau qui

pouvoit se répandre autrefois sur ce pavé; car c'étoit, il n'est point douteux, celui d'une salle de bains. Ces trous conduisoient l'eau dans un
puisard, et de là dans un aquéduc qui débouchoit dans les cloaques
publics. La découverte qui se fit de ce superbe pavé fut accompagnée de
celle de quantité de tuyaux de plomb qui n'eurent jamais d'autre destination que celle de conduire de l'eau dans cette chambre pour le besoin
des personnes qui y prenoient le bain.

M. de la Chausse a cru que la chambre se remplissoit entièrement
d'eau, et qu'elle devenoit alors un lieu propre à donner des leçons à ceux
qui vouloient apprendre à nager; qu'elle faisoit partie de la piscine publique
dont Cicéron fait mention dans une de ses Lettres à Quintus son frere:
et pour le mieux établir, il suppose que ce pavé a été trouvé près de la
porte Saint-Sébastien, autrefois la porte Capena, et que c'étoit en cet
endroit qu'étoit située la piscine publique. En quoi cet habile antiquaire
me paroît se tromper d'autant plus manifestement, que, dès le temps du
grammairien Sextus Pompeius Festus, qui a vécu sous les premiers Empereurs chrétiens, il ne restoit absolument plus rien de la piscine publique.
Cet auteur nous apprend qu'elle étoit entièrement détruite, et qu'on
n'en parloit que par tradition. Ajoutez que ce morceau de mosaïque,
déterré en 1670, n'a pas été découvert où M. de la Chausse voudroit le
placer; il a été trouvé au pied du mont Celio, un peu au-delà des ruines
du grand Cirque, dans le même jardin dit del Carciofalo, où étoit
le pavé dont on vient de voir la représentation dans la précédente figure.
Tous deux indiquent qu'il y avoit eu en cet endroit un lieu d'exercice et
des bains. L'un n'alloit en effet presque jamais sans l'autre.

Figure XXXIII.

Ce morceau d'antiquité n'a rien de commun avec la peinture antique;
mais comme il faisoit partie de la suite des dessins qu'on donne au public,
on a cru, pour ne rien laisser perdre d'un si précieux Recueil, devoir le
faire pareillement graver. On y a la coupe d'une portion du mont Esquilin
et des bâtiments souterrains qui y furent découverts en 1684, à l'occasion
d'une nouvelle rue qui fut ouverte en ce temps-là sur la croupe de cette

montagne du côté qui regarde la petite place appellée Suburra ; et voici en quoi ils consistoient :

I. Une chambre souterraine en maniere de tour voûtée, qui a servi de prison à Saint Laurent, diacre de l'Église romaine et martyr.

II. La fontaine dans laquelle le saint diacre baptisa Saint Hippolyte.

III. Escalier servant à descendre dans ladite prison.

IV. Corridor pratiqué sous terre, et qui conduit à la prison de Saint Laurent.

V. Terre-plein.

VI. Dessus du terrein étant au pied du mont Esquilin.

VII. Chambre souterraine dont tous les murs, et jusqu'à la voûte, se trouverent revêtus d'une mosaïque de coquilles et de morceaux de verre coloriés.

VIII. Aqueduc antique.

IX. Portique au-devant de cet aqueduc, formé par un rang de colonnes doriques enduites de stuc sur un noyau de pierre de tévertin.

X. Chambre adossée à l'aqueduc, et prise dans le massif du terrein. Sa construction étoit de briques posées sur l'angle, ou diagonalement, ce que les Anciens appelloient opus reticulatum, à cause de la ressemblance du parement d'une semblable muraille avec les mailles d'un filet.

XI. Portion du mont Esquilin applanie pour la construction de nouvelles maisons.

XII. Maisons nouvellement construites.

XIII. Ouverture d'une nouvelle rue.

XIV. Porte qui est dans l'église de Saint-Laurent in fonte, et qui aboutit à des degrés, et ensuite au corridor par lequel on arrive à la prison de Saint Laurent.

XV. Porte antique revêtue de pierre de tévertin. Il y a apparence qu'elle donnoit entrée dans une chambre souterraine qui fut détruite lorsqu'on fit le corridor n°. iv.

AVERTISSEMENT.

Ayant eu dessein de fixer les idées sur la façon de composer et de colorier des peintres de l'antiquité; animé du desir de faire revivre, en quelque sorte, un art qui, dans les siecles passés, a si fort illustré les maîtres qui s'y sont consacrés, l'on a produit un nombre assez considérable de leurs peintures, d'après des copies coloriées qu'un heureux hasard a fait découvrir, et l'on pouvoit se flatter d'avoir suffisamment rempli cet objet. On ne comptoit pas aller plus loin : mais des personnes de goût, qui, de retour du voyage d'Italie, étoient encore dans l'admiration que leur avoit causée la vue du pavé de mosaïque antique qui se conserve à Palestrine, en ont fait un rapport si avantageux; elles ont tellement insisté sur la nécessité de le donner avec ses couleurs à la suite du précédent ouvrage, que, sans considérer les difficultés, sans être arrêté par les différentes gravures qui en ont été données, et qui sont, il est vrai, presque toutes fautives, l'on s'est déterminé à le faire dessiner de nouveau sur les lieux, et à faire faire un relevé de toutes ses couleurs dans un tel degré de précision qu'il n'y eût plus rien à desirer sur ce sujet.

On auroit pu se reposer, pour la fidélité de cette opération, sur le zele et la capacité des peintres françois que le Roi entretient à Rome; ils s'y seroient prêtés volontiers : mais voulant se mettre à l'abri d'une critique qui tombe assez ordinairement sur les étrangers toutes les fois qu'ils hasardent de reproduire avec des changements des monuments antiques déjà publiés dans le pays qui en est le dépositaire, on a mieux aimé que ce fût un Italien qui fît le dessin dont on avoit besoin.

En conséquence, un dessinateur choisi dans cette nation s'est transporté à Palestrine, et mettant en usage des feuilles de papier verni et transparent, au travers desquelles il lui étoit facile de distinguer jusqu'aux moindres objets que renferme la Mosaïque, il en a tracé tous les contours sur le même papier, sans sortir des limites que lui prescrivoit ce monument antique. Ce trait fidele a servi à la réduction qu'on en a faite à Paris, dans une proportion telle qu'il la falloit pour former un tableau agréable, et où l'on pût embrasser d'un seul coup d'œil tout l'ensemble de la composition. Il en a été gravé ensuite une planche, dont on a envoyé des épreuves en Italie; et par une nouvelle vérification qui s'en est faite, l'on s'est assuré d'une conformité parfaite entre l'original et la copie. L'on a fait prendre en même temps les couleurs que l'ancien peintre en mosaïque a jugé à propos de donner à tous les objets; et l'on a formé un modele d'après lequel seront peintes le petit nombre de copies qui s'en répandront dans le public.

On a porté l'attention jusqu'à faire dessiner séparément les caracteres grecs qu'on trouve épars en différents endroits de la Mosaïque; et l'on verra, par l'imitation figurée qu'on en donne ici, avec quel soin l'on s'est attaché à représenter tous les petits cubes de verre qui forment ces caracteres, dans la même position et dans la même configuration qu'ils ont sur l'original. Opération qui d'abord pourroit paroître frivole, mais dont on reconnoîtra la nécessité quand on fera réflexion qu'il n'étoit pas possible de prouver autrement les altérations qu'ont souffertes ces caracteres lors du déplacement de la Mosaïque.

On se flatte que toutes ces précautions, dictées par l'amour de l'antiquité, feront paroître ce beau monument avec une justesse digne de son mérite et de son importance. Eh! que ne doit-on pas se promettre de la savante et agréable explication qui l'accompagne?

Pl. XXXV.

NOMS DES ANIMAUX

tels qu'ils sont écrits sur la Mosaïque de Palestrine.

1 PINOKEPWC 2 XYPOΓIOTIK

3 EΘVΙΛΟΓ 4 ΔΓΕΛΑΡΥ

5 ΚΡΟΚΟΔΙΛΟΠΑΡΔΛΛΙC

6 ΚΡΟΚΟΔΙΛΟCΧΕΡCΑΙΟC

7 ΤΙΓΡΙC 8 ΔΡΚΟC

9 HONOKENTΛYPA

10 ΛΤΝΞ 11 ΚΡΟΚΟΤΤΑC

12 ΚΗΙΠΕΝ 13 ΛΕΑΙΝΑ

14 CΑΥΟC 15 ΤCΗΧΙΙΝ·Ε

16 VΑΒΟΥC 17 ΦΟΙΝΓΙΑ

18 ΞΙΟΥ 19 ΟWΑΝΤΕC

20 ΚΙΜCΛΟ 21 ΕΝΥΔΡΙC

.ΙΑΡΛΛΛΙ

Echelle de 1 2 3 4 5 6 7 8 pouces.

EXPLICATION

DE

LA MOSAÏQUE DE PALESTRINE,

PAR M. L'ABBÉ BARTHELEMY.

Lue à l'Assemblée publique du 15 Avril 1760.

FIGURE XXXIV.

La ville de Palestrine, construite des ruines de l'ancienne Préneste, sur une montagne à vingt-un milles de Rome, conserve encore dans son enceinte les restes du célebre temple de la Fortune. C'étoit un édifice, ou plutôt un assemblage d'édifices qui, posés avec régularité sur différents plans, s'élevoient les uns au-dessus des autres, et en imposoient au loin par la majesté de leur ordonnance. Celui qui les couronnoit tous, et qui sert aujourd'hui de palais aux princes de Palestrine, étoit, à ce qu'on croit, le lieu même où la Fortune rendoit ses oracles; et plus bas, sur un des plans inférieurs, on voyoit un autre asyle sacré, dont le sanctuaire étoit pavé d'une mosaïque d'environ dix-huit pieds de long sur quatorze pieds quelques pouces de large (1). L'humidité, les décombres, et l'obscurité des lieux dont elle avoit fait autrefois l'ornement, la déroboient, dans le siecle dernier, à la curiosité du public; et ce qu'on en discernoit avec peine à la clarté des flambeaux, inspiroit un vif desir de la connoître en entier. Animé par ce motif, le commandeur dal Pozzo [a], qui rassembloit dans un recueil immense les dessins des peintures et des autres monuments antiques, voulut y joindre celui de la mosaïque de Palestrine. Il la fit copier en grand, conserva dans ses dessins les couleurs des différents

---

(1) Les fragments de marbre dont cette mosaïque est composée, sont communément de trois à quatre lignes en quarré; ceux qui forment les figures sont encore plus petits.

(a) Delle lodi del Conte Cassiano dal Pozzo : Orazione di Carlo Dati.

objets qu'elle représente, et développa pour la premiere fois, aux yeux des savants, tous les détails de cette riche composition. Ils étoient retracés en dix-huit morceaux détachés, dont Suarez, évêque de Vaison, donna une description succincte dans son histoire de Préneste[a], imprimée à Rome en 1655.

Quelques années après, le cardinal François Barberin, voulant soustraire la mosaïque aux accidents qui commençoient à la détruire, la fit transporter dans le palais des princes de Palestrine; elle fut placée au fond du vestibule[b], en face de la porte d'entrée, dans une espece de niche dont elle couvre le pavé. On la grava depuis sur une planche, insérée en 1671, dans le Latium du Pere Kircher[c]; et il en parut, en 1690[d], une autre gravure que publia M. Ciampini, et qui differe essentiellement de la premiere. Mais comme dans ces deux estampes les objets se trouvoient resserrés, confondus, et singulièrement altérés, le cardinal François Barberin, petit-neveu du précédent, les fit, en 1721, représenter plus en grand dans de nouvelles planches, où, malgré les soins de ceux qui présiderent à cette opération, il s'est glissé des fautes qui seront corrigées dans la copie que nous publions aujourd'hui. Nous la devons aux soins de M. le comte de Caylus; et par les précautions qu'il a prises, on sera mieux en état de juger d'un monument qui n'intéresse pas moins les Artistes que les Antiquaires[e]. A l'égard des premiers, on assure que Carle Maratte le voyoit avec un plaisir toujours mêlé d'admiration, et l'on sait d'ailleurs que le Poussin en avoit profité pour embellir quelques uns de ses tableaux(1).

---

(1) Tel est celui de l'arrivée de la Sainte-Famille en Égypte, dont on a deux estampes, l'une gravée par Jean Dughet, beau-frere du Poussin, et l'autre par Chauveau. Le Poussin a mis dans le fond de son tableau cette tour ronde servant de retraite aux ibis, et cette espece de procession qu'on voit dans la mosaïque, sans autre changement que quelque variété dans la position des figures. Dans un autre tableau qui est au Cabinet du Roi, et qui représente Moïse trouvé sur le Nil, il a encore emprunté de la mosaïque la chasse que donnent à un Hippopotame des Égyptiens montés sur une barque. Je dois cette note à M. Mariette.

(a) Præn. ant. lib. II. cap 18.   (c) Lat. vet. Rom. 1671, p. 100.
(b) Voy. l'explication ajoutée à la gravure de   (d) Vet. Monim. t. I, p. 81.
1711.   (e) Cecconi, Stor. di Palest. p. 45.

A l'égard des seconds, la diversité des opinions prouve assez l'estime qu'ils en ont faite; et leurs efforts, quoiqu'inutiles, sont un hommage plus précieux encore que des éloges brillants et peu réfléchis.

Je vais donner en peu de mots l'analyse de leurs opinions, presque toutes fondées sur ce passage de Pline[a]: « Les pavés qu'on nomme « LITHOSTROTA (1) furent en usage à Rome sous Sylla, et l'on voit « encore à Préneste celui qu'il fit construire dans le temple de la For- « tune ». On a conclu de-là qu'il falloit trouver, ou dans les vicissitudes de la fortune, ou dans la vie de Sylla, des rapports sensibles avec la mosaïque de Palestrine; et le Pere Kircher[b] y découvrit l'image des maux et des biens que cette divinité dispense aux mortels.

Les malheurs dont elle les accable sont représentés par des montagnes arides, des antres profonds, des bêtes féroces; les vœux qu'ils font pour l'appaiser, par des temples et des cérémonies religieuses; les transports de leur reconnoissance, par les palmes, les couronnes, les instruments de musique, enfin par tous les attributs et tous les mouvements des figures tracées dans la partie inférieure de ce tableau. Il est aisé de conce- voir que cette premiere idée entraînoit avec elle beaucoup d'allégories fines et de mysteres cachés, que le P. Kircher avoit le plaisir de supposer et de découvrir. Mais on est surpris que l'auteur de l'ŒDIPUS ÆGYP- TIACUS ne se soit point apperçu d'abord que le lieu de la scene étoit en Égypte, et non à Préneste: c'est que souvent, à force de chercher dans les objets ce que les autres n'y voient pas, on n'y trouve pas même ce que tout le monde y voit.

Je ne ferai pas le même reproche à l'auteur de la seconde opinion. Il reconnoît la haute Égypte, aux Éthiopiens qui lancent des traits[c], ainsi qu'aux montagnes couvertes de monstres; et la basse Égypte, aux édifices qui s'élevent au milieu des eaux du Nil, et qui présentent à ses yeux les

---

(1) Ce mot LITHOSTROTA signifie souvent des pavés composés de petits fragments de marbre.

(a) Pl. l. XXXVI, c. 25 ed. Hard.   (c) Voyez la gravure de 1721.

(b) Vet. et nov. Lat. p. 101.

superbes villes de Memphis et d'Héliopolis. Il ne lui reste plus qu'à déterminer le sujet de la composition. C'est Alexandre qui arrive en Égypte,
et qui s'approche de Memphis; c'est lui qui paroît sous la tente avec la
Victoire, et l'élite de ses généraux ou de ses gardes : cet homme qui,
du haut de la proue d'une galere, semble lui tendre des mains suppliantes,
c'est le gouverneur de la province qui lui demande la paix : ces cérémonies religieuses, ces fêtes charmantes sont les expressions de la joie
qu'inspire sa présence, qu'inspirent les promesses qu'il a faites de res-
pecter les mœurs des habitants et l'ancien culte du pays. Or, en plaçant le
roi de Macédoine dans le moment où l'oracle d'Hammon va légitimer
ses conquêtes, Sylla rappelloit à tout le monde les oracles qui justifioient
son élévation particuliere; et laissant à la flatterie le soin de détailler les
rapports qui se trouvent entre tous les grands hommes, il empruntoit les
traits d'Alexandre pour effrayer les Romains, et rendre hommage à la
Fortune.

Cette opinion, long-temps attribuée à MM. Bianchini et de Saint-
Romain[a], restituée depuis à M. le cardinal de Polignac, réunit d'abord
tous les suffrages, et conserve encore des partisans éclairés[b], malgré les
objections du P. Volpi et du P. de Montfaucon; le premier[c], ne voyant
dans les figures de la mosaïque que des traits propres à caractériser les
Romains, aime mieux croire que Sylla s'est fait représenter lui-même
dans ce monument; le second[d], ne pouvant y reconnoître ni le voyage
d'Alexandre, ni les vicissitudes de la fortune, suppose que Sylla s'est
contenté d'y retracer les spectacles du Nil, de l'Égypte et de l'Éthiopie.

Pour n'omettre aucune des opinions qu'a fait naître ce précieux monument, j'ajoute que M. l'abbé du Bos[e] le regardoit comme une espece
de carte géographique de l'Égypte.

Le sentiment que je vais proposer va détruire ces incertitudes, ou les

(a) Cecconi, Stor. di Palest. p. 48.   (d) Montf. suppl. tom. IV, p. 148.

(b) Furiet. de mus. p. 43.   (e) Réflexions critiques sur la Poésie, tom. I,

(c) Volpi, vet. Lat. tom. IX, p. 151.   p. 347.

augmenter; et j'ai dû courir les risques d'une pareille alternative, parce-que jamais monument ne mérita plus d'exercer la critique, et n'a moins occupé les antiquaires. Ils en ont recherché l'objet, qu'il est assez indifférent de connoître; ils en ont négligé les détails, qui seuls pouvoient nous instruire sur les usages des Égyptiens. En même temps on a vu des savants du premier ordre consacrer des veilles pénibles à l'explication de la Table isiaque [a], c'est-à-dire au développement d'un tissu de mysteres impénétrables; et l'on s'est contenté de porter des regards fugitifs sur la mosaïque de Palestrine, où néanmoins tout paroît vrai, simple, indépendant de l'allégorie. Cette préférence a laissé jusqu'ici la mosaïque dans un état d'obscurité. J'entreprends de l'éclaircir, en regrettant, avec raison, que des antiquaires plus habiles ne l'aient pas déjà tenté : leurs lumieres m'eussent épargné bien des peines, et peut-être bien des erreurs.

Par l'enchaînement des faits que j'avois à discuter, ce mémoire s'est trouvé naturellement divisé en deux parties. Dans la premiere, j'examine quel est l'objet du monument; dans la seconde, je tâche d'en expliquer les détails.

PREMIERE PARTIE.

JE reprends le texte de Pline [b], que j'ai déjà cité : « Les pavés qu'on « nomme LITHOSTROTA (dit cet auteur) furent en usage à Rome sous « Sylla; et l'on voit encore à Préneste celui qu'il fit construire dans le « temple de la Fortune ». Comment se peut-il qu'un passage si vague ait servi de fondement aux opinions précédentes? Quels traits dans la mosaïque de Palestrine désignent celle de Sylla? Si Pline avoit la premiere sous les yeux, d'où vient qu'il garde un silence profond sur le sujet qu'elle représente? Convenoit-il au dictateur romain d'exprimer par de si froides allégories les vicissitudes de la fortune, qu'il n'avoit jamais éprouvées; de s'approprier, par des allusions obscures, les destinées d'Alexandre,

---

(a) Pignor. Mens. Isiac. Kirch. Œdip. t. III,   (b) Plin. l. XXXVI, cap. 25.
p. 79.

qui n'avoient rien de commun avec les siennes; d'exposer avec tant de soin aux yeux des Romains les fêtes du Nil, dont il n'avoit jamais été le témoin? D'ailleurs on a découvert plusieurs mosaïques à Palestrine. A quels signes distinguera-t-on celle dont Pline a parlé? Est-ce parcequ'elle décoroit le sanctuaire d'un temple de la Fortune? il faudroit alors prouver que le monument que j'explique étoit autrefois dans ce temple; et c'est en effet le projet de M. l'évêque de Montalte[a], dernier historien de Palestrine. Il convient, avec tous les antiquaires, que cette divinité étoit spécialement adorée dans le lieu qui sert aujourd'hui de palais aux princes de Palestrine; mais il prétend qu'elle l'étoit aussi dans un temple inférieur, dans le lieu même où la mosaïque fut découverte. Il établit cette assertion sur un passage de Cicéron[b], que j'examinerai dans une note (1), et qui me paroît plus propre à détruire qu'à confirmer le sentiment de ce savant prélat.

Il faut donc rejetter les conséquences qu'on a tirées du passage de Pline, et chercher dans la mosaïque même des lumieres propres à nous éclairer sur son objet. L'habillement des soldats placés sous la tente est un habillement romain. La galere qui s'avance de leur côté est figurée de la même maniere sur les médailles d'Hadrien, et sur d'autres monuments de l'ancienne Rome. Dans cet édifice, au-devant duquel sont quatre statues égyptiennes, on voit sur la porte un aigle dont les ailes sont déployées: c'est l'aigle de l'Empire, qu'on exposoit dans les lieux principaux soumis à la puissance des Romains; c'est cet aigle qu'Hérode avoit fait

---

(1) Cicéron, parlant d'un endroit où les Sorts de Préneste avoient été découverts autrefois, observe que la religion l'avoit consacré depuis, et l'avoit renfermé dans une enceinte à cause d'une statue ou grouppe qui représentoit Junon et Jupiter enfants entre les bras de la Fortune : « Is est « hodie locus septus religiosè propter Jovis pueri, qui lactens cum Junone, in gremio Fortunæ sedens, « mammam appetens, castissimè colitur a matribus ». Après ces paroles, Cicéron ajoute celles-ci : « Eodem tempore, in eo loco ubi nunc Fortunæ sita ædes est, mel ex olea fluxisse dicunt ». Il me semble que Cicéron distingue en termes précis le temple de la Fortune d'avec une simple enceinte consacrée à cette divinité.

(a) Cecconi, Stor. di Palest. p. 50.   (b) De Divin. lib. II.

mettre sur la porte du temple de Jérusalem[a], et qu'on voit au-dessus de la porte d'un édifice sur une médaille de Trajan frappée en Égypte[b]. Enfin les boucliers des soldats qui sont à la suite de la principale figure paroissent avec les mêmes symboles sur des monuments de l'Empire. Je m'arrête à ceux qui représentent un scorpion. Ce symbole est tracé sur une espece de SCUTUM, dans l'agate du trésor de Vienne : je l'ai vu aussi dans un bas-relief qui appartient à son éminence M. le cardinal Alexandre Albani. Une cuirasse surmontée de l'aigle romaine en occupe le milieu; à côté sont des casques, des javelots, des enseignes militaires, et un bouclier sur lequel on a gravé un scorpion entre deux foudres. Il est semblable, pour la forme, à ceux de la mosaïque; il a seulement quelques ornements de plus : peut-être appartenoit-il à quelque autre cohorte; car, suivant Végece[c], les cohortes étoient distinguées entre elles par les symboles des boucliers. Il seroit inutile d'examiner à quelle nation, ou, si l'on veut, à quel corps de troupes il faut attribuer les armes représentées dans le bas-relief ou dans la mosaïque : il suffit, pour mon objet, qu'elles fussent en usage sous les Empereurs.

Si, à la faveur de ces notions préliminaires, on peut rapporter l'époque de la mosaïque aux premiers siecles de l'Empire, on peut encore moins se méprendre sur l'objet général de cette composition; et tous ceux qui fixeront leurs regards sur les distinctions accordées à la principale figure, sur les soldats qui l'accompagnent, sur cette galere qui va la joindre, enfin sur tant d'actions particulieres, qui la plupart semblent dépendre de la sienne, conviendront sans peine que tel devoit être le mouvement de l'Égypte lorsqu'elle voyoit son maître. Or, de tous les princes dont la présence a dû remuer cette province, il n'en est point à qui tous les détails de la mosaïque conviennent mieux qu'à l'Empereur Hadrien.

Ce fut dans la quinzieme année de son regne qu'Hadrien passa de Syrie en Égypte[d]. Il y fit un séjour assez long, la parcourut presque toute

(a) Jos. Antiq. l. XVII, cap. 6. Id. de Bell. Jud. l. I, cap. 33.

(b) Mus. Reg.

(c) De Re Militari, lib. II, cap. 18.

(d) Spart. in Hadr. pag. 7, ed. 1620.

entiere, et la combla de ses bienfaits : la ville d'Alexandrie fut confirmée dans ses privileges ; une nouvelle ville s'éleva dans les lieux où il avoit perdu Antinoüs son favori. Quoiqu'affligé de cet accident, il continua de remonter le Nil; et nous apprenons de quelques inscriptions tracées sur la statue de Memnon, copiées par Pococke[a], et restituées par MM. d'Orville et Jablonski[b], qu'il alla jusqu'à Thebes, qu'il y parut accompagné de l'impératrice Sabine, et qu'il y fut témoin d'un prodige qui s'opéroit, dit-on, sur cette statue, lorsqu'elle étoit frappée des premiers rayons du soleil. Hadrien rapporta d'Égypte le goût des monuments qu'il avoit admirés : sa maison de Tivoli fut embellie de statues égyptiennes[c], et son voyage fut rappellé dans la mosaïque de Palestrine.

Rapprochons-en quelques traits de ceux que nous offre la vie d'Hadrien, et jettons d'abord les yeux sur la figure qui paroît à la tête de plusieurs soldats : elle est couronnée de laurier, et c'est ainsi qu'on représentoit communément les Empereurs : elle surpasse en hauteur celles qui la suivent, et c'est ainsi qu'on a dû représenter Hadrien[d], à qui Spartien attribue une taille majestueuse : elle tient dans sa main un vase : trois autres vases semblables sont posés sur une espece de buffet à demi caché par une tente. Or, Hadrien écrivant d'Égypte à son beau-frere Servien[e], lui dit : « Je vous envoie des vases à boire, que le prêtre d'un temple est « venu m'offrir. » Ceux de la mosaïque, connus des anciens sous le nom de RHYTON, étoient fort en usage en Égypte. Ptolémée Philadelphe fit représenter Arsinoé[f] avec un de ces vases à la main; l'artiste le remplit de toutes sortes de fruits, et le convertit en un symbole plus propre à désigner l'abondance que la corne même d'Amalthée. Nous le voyons en effet sur les médailles de cette princesse : et j'ignore pourquoi, malgré l'autorité précise du passage que je viens de citer, les antiquaires s'obstinent à donner le nom de CORNE D'ABONDANCE à cet attribut. Quoi

---

(a) Desc. of the East. tom. I. p. 104.

(b) D'Orvil. Anim. in Charit. Aphrod. p. 531. Jabl. de Memn. p. 93.

(c) Spart. in Hadr. p. 13.

(d) Ibid. p. 12.

(e) Vopisc. in Sat. p. 245.

(f) Athen. lib. XI, p. 497.

qu'il en soit, le rhyton, dit un ancien auteur[a], étoit en forme de corne, et la liqueur sortoit par une ouverture ménagée à la pointe du vase. Elle coule en effet de cette maniere dans un des tableaux d'Herculanum[b]; et dans la mosaïque on voit sous le berceau une femme appliquer à sa bouche un vase semblable à celui que la principale figure tient dans sa main, et à ceux qui sont dessous la tente (1). Dès que leur nature est fixée, n'est-on pas en droit de les prendre pour les vases qu'Hadrien avoit envoyés à Servien? et ce trait seul n'est-il pas un fort préjugé pour mon sentiment?

Il en est d'autres qui servent à le confirmer. On voit auprès de la tente un chien, dont le cou est orné d'un collier : Hadrien[c] aimoit ces

_____

(1) Deux des figures représentées dans cette célebre coupe d'agate, qui du cabinet de Parme a passé dans celui du roi des deux Siciles, tiennent entre leurs mains des vases en forme de cornes. Je cite ce beau monument avec d'autant plus de plaisir, que j'ai eu occasion de l'admirer de près, et de le comparer avec la gravure qu'en a donnée M. le marquis Mafféi (Osservaz. Litter. tom. II, p. 339. Mus. Veron. p. 355). Elle n'est point exacte, et ce défaut a donné lieu à quelques explications aussi contraires entre elles qu'au véritable esprit du monument. M. Bianchini y découvrit l'apothéose d'Alexandre; M. le marquis Mafféi y reconnut une famille égyptienne composée de sept personnes, et soupçonna que ce pouvoit être celle de Ptolémée Auletes : l'un et l'autre ignoroient que l'original offroit des attributs qu'on avoit oubliés dans la copie : 1°. dans le champ de la composition on voit plusieurs épis de bled : 2°. la femme qui est assise sur un sphinx tient de la droite deux autres épis; et cela suffit pour l'explication du sujet. Cette femme est Cérès; derriere elle on voit Triptolème debout, à demi nu, portant sur son bras gauche une espece de sac pour contenir des grains : c'est ainsi qu'il est représenté sur les médailles. Auprès de Triptolème est Bacchus sous les traits d'un vieillard, et tenant un grand vase en forme de corne. Les deux autres femmes, dont l'une tient une coupe, et l'autre un vase semblable à celui de Bacchus, sont ou des Bacchantes à la suite de ce dieu, ou des Égyptiennes qui font usage de ses bienfaits, comme celles qu'on a représentées dans la mosaïque. Enfin les deux figures qui planent dans les airs, dont l'une étend un voile, et l'autre sonne d'une trompette en forme de conque, expriment l'air et les vents (Mariette, Traité des pierres grav. t. I, p. 399). Le sujet total désigne l'abondance qui régnoit en Égypte, et la douceur de l'air qu'on y respiroit. Bacchus et Cérès, tous deux adorés chez les Égyptiens, souvent représentés ensemble sur les monuments, sont, à juste titre, associés dans une coupe destinée à l'usage des festins. Telle est, si je ne me trompe, l'explication la plus naturelle de ce superbe Camée. Si l'on veut prêter des vues plus fines à l'artiste, on pourra supposer qu'il avoit fait allusion à l'union d'Antoine et de Cléopatre : on sait que le premier avoit pris le nom de Bacchus (Plut. in Ant. p. 944), et la princesse celui d'Isis (Id. ib. p. 941), qui, suivant Hérodote (lib. II, 59, 156), étoit la même que Cérès.

(a) Athen. ibid.   (c) Spart. p. 10.
(b) Pitt. d'Ercol. p. 79.

animaux au point de leur élever des tombeaux après leur mort. Pline garde un profond silence sur le sujet de la mosaïque; c'est qu'elle est postérieure à son temps. Enfin la forme des lettres tracées dans le monument, et sur-tout celle des EPSILON et des SIGMA, indique plutôt le second siecle que des siecles plus éloignés (1). Ainsi tout se concilie sans effort, et l'on ne doit rien exiger de plus dans les questions où le défaut de monuments laisse à l'esprit le choix d'un système.

La mosaïque de Palestrine fut trouvée dans un édifice dont la destination est encore incertaine. Suivant les uns[a], c'étoit un des temples de la Fortune; suivant d'autres[b], c'étoit l'asyle où l'empereur Antonin faisoit élever de jeunes filles. Je le regarde, avec M. l'abbé du Bos[c], comme le temple de Sérapis; et je me fonde sur les preuves suivantes.

On avoit découvert à Palestrine un marbre sur lequel on lisoit cette inscription[d]:

Γ. ΒΑΛΕΡΙΟC ΕΡΜΑΙCΚΟC ΕΠΟΙΗCΕΝ

CΑΡΑΠΕΙΟΝ ΔΙΙ ΗΛΙΩ ΜΕΓΑΛΩ

CΑΡΑΠΙΔΙ ΚΑΙ ΤΟΙC CΥΝΝΑΟΙC ΘΕΟΙC.

On voit par ce monument que C. Valerius Hermaïscus avoit consacré un temple à Sérapis, et à des divinités qui devoient partager avec ce dieu les honneurs qu'on lui déféroit.

Pour entendre ces dernieres expressions, il faut se rappeller que les mêmes temples et les mêmes autels étoient souvent communs à plusieurs divinités qu'on désignoit sous le nom de dieux ΣΥΝΝΑΟΙ, ΣΥΜΒΩΜΟΙ. On associoit au même culte celles qui paroissoinet avoir certains rapports

---

(1) Le P. de Montfaucon (Suppl. de l'Ant. t. IV, p. 151), qui attribuoit la mosaïque à Sylla, fut d'abord arrêté par la forme des SIGMA que présentent les inscriptions; mais il se rassura sur-tout par la forme de l'EPSILON, qu'il supposoit quarré, et qui pourtant est arrondi. S'il avoit examiné la mosaïque avec plus d'attention, il l'auroit sans doute rapportée à des temps postérieurs.

(a) Kirch. &c.

(b) Suarez, Sciogr. Templ. Fort.

(c) Réflexions critiques sur la Poésie, tom. I, p. 348.

(d) Suarez, lib. I, cap. 16. Muratori, Inscription. t. I, p. 333. Doni, Inscript. p. 65. Cecconi, Stor. di Palest. p. 182.

entre elles. C'est ainsi qu'à Trézene on sacrifioit sur le même autel aux
Muses et au Sommeil [a]. C'est ainsi qu'on plaçoit quelquefois la statue de
l'Amour auprès de celle des Graces [b], et que dans le temple de Jupiter
Capitolin, à Rome, les hommages se partageoient entre ce dieu, Junon
et Minerve. Ceux qu'on rendoit à Sérapis se distribuoient, pour l'ordinaire, à plusieurs divinités égyptiennes. De là cette formule assez com-
mune dans les inscriptions [c] : ΔΙΙ ΗΛΙΩ ΜΕΓΑΛΩ ΣΑΡΑΠΙΔΙ ΚΑΙ ΤΟΙΣ ΣΥΝ-
ΝΑΟΙΣ ΘΕΟΙΣ.

Mais quelles étoient ces divinités? Elles sont clairement exprimées :
1°. dans une inscription trouvée dans l'isle de Chio; on y lit : ΙΣΙΔΙ ΣΕΡΑ-
ΠΙΔΙ ΑΝΟΥΒΙΔΙ ΑΡΠΟΚΡΑΤΕΙ ΘΕΟΙΣ ΣΥΝΝΑΟΙΣ ΚΑΙ ΣΥΝΒΩΜΟΙΣ [d],
c'est-à-dire, « Aux divinités qui ont les mêmes temples et les mêmes autels,
« Isis, Sérapis, Anubis, Harpocrate » : 2°. dans ce passage d'Artémidòre [e] :
« Les statues, les mysteres, et tout ce qu'on dit de Sérapis, d'Isis, d'Anubis,
« d'Harpocrate, et des dieux qui ont avec eux les mêmes temples et les
« mêmes autels » : 3°. dans un témoignage de Tertullien [f], où il est dit que
le culte que recevoient au Capitole Sérapis, Isis, Harpocrate et Anubis,
fut aboli sous le consulat de Pison et de Gabinius : 4°. dans un passage de
Saint Augustin [g], où il observe que « dans tous les temples élevés en
« l'honneur d'Isis et de Sérapis, on voyoit aussi une statue qui appliquoit
« ses doigts sur ses levres », c'est-à-dire, une statue d'Harpocrate. Le
temple de Sérapis à Palestrine contenoit donc non seulement la statue de
ce dieu, mais encore celle de quelques autres divinités; et précisément
dans l'endroit où l'on a découvert la mosaïque, on voit cinq niches destinées vraisemblablement à contenir les figures de Sérapis, d'Isis, d'Anubis
et d'Harpocrate, et peut-être d'Antinoüs, qui, dans une inscription rapportée par Gruter [h], est associé au culte qu'on rendoit aux dieux égyp-

---

(a) Pausanias, lib. II, pagin. 184, editio
Kuhn.

(b) Id. lib. VI, p. 515.

(c) Fabr. Inscript. p. 493. Spon. Miscell.
p. 329.

(d) Spon. Miscell. p. 340.

(e) Oneirocr. lib. II, cap. 44.

(f) Apolog. cap. 6.

(g) De Civ. Dei, lib. XVIII, cap. 5.

(h) Page LXXXVI, n°. 1.

tiens: ΑΝΤΙΝΟωΙ ΣΥΝΘΡΟΝωΙ ΤωΝ ΕΝ ΑΙΓΥΠΤωΙ ΘΕωΝ. Ces statues ont
été détruites : on voyoit autrefois dans le temple un fragment transporté
depuis au palais des princes de Palestrine. Suarez [a] prétendit que c'étoit
un reste de la statue de la Fortune. Un auteur [b] moderne soupçonne, au
contraire, que c'est plutôt la statue d'un homme que celle d'une femme.
Mais, suivant leurs témoignages réunis, il paroît que ce fragment est d'un
marbre couleur de cendre, et tirant sur le bleu. Je releve cette circonstance, parceque des auteurs ont observé que, pour les statues de Sérapis,
on employoit par préférence cette couleur [c].

Si Valerius Hermaiscus a fait élever le temple où l'on a trouvé la mosaïque, il est d'autant plus naturel de le regarder comme l'auteur de ce
dernier monument, que la construction du temple concourt avec le regne
d'Hadrien. Le marbre sur lequel on a gravé l'inscription grecque rapportée plus haut, contient, sur une de ses faces, cette inscription latine [d] :

DOMUS C. VALERI HERMAISCI

TEMPLUM SERAPIS SCHOLA

FAUSTINIANA FECIT C.

VALERIUS HERMAISCUS DEDIC. ID

DEC. BARBARO

ET REGULO COS.

La dédicace du temple de Sérapis se fit sous le consulat de Barbarus
et de Regulus, l'an de J. C. 157, dix-neuf ans après la mort d'Hadrien :
il est vraisemblable qu'on en avoit jetté les fondements dans les dernieres
années de son regne ; et, soit que diverses raisons eussent attaché Valerius
Hermaiscus à ce prince, soit qu'il l'eût accompagné en Égypte, rien ne
convenoit mieux que de retracer dans la mosaïque les détails de ce voyage.
C'étoit un fait récent ; et Rome, au retour d'Hadrien, avoit dû s'occuper,
avec un nouvel intérêt, des merveilles que ce prince avoit vues en Égypte.
D'ailleurs pouvoit-on mieux orner le temple de Sérapis, qu'en y repré-

---

(a) Præn. Ant. lib. I, cap. 15.

(b) Ceccon. Stor. di Palest. p. 51.

(c) Clem. Alex. in Prot. p. 32.

(d) Suarez, Prænest. lib. I, cap. 16. Murat.
Doni, Cecconi, &c.

sentant un pays où, depuis quelque temps, son culte sembloit effacer celui des autres [a] divinités? Je doute que les auteurs des autres systêmes eussent pu trouver la même liaison entre l'objet de la mosaïque et celui de l'édifice qu'elle décoroit. Je doute encore plus qu'ils eussent pu nous dire pourquoi les noms des animaux sont tracés en grec dans ce monument. Cette question se résoudra sans peine, si l'on fait attention au nom de C. Valerius Hermaiscus : c'est le nom d'un Grec affranchi de la famille Valeria. Il a fait écrire les noms des animaux dans sa langue, et il a dû s'en servir, dans cette occasion, comme il s'en étoit servi dans une des inscriptions que j'ai citées (1).

Dans les compositions allégoriques, l'artiste peut, à la faveur de cette chaîne qui lie tous les êtres et toutes les manieres d'être, réunir sous un même point de vue des temps et des pays éloignés; mais lorsqu'il s'agit d'un fait historique et simple, l'unité d'action exige nécessairement l'unité de temps et de lieu : ainsi l'auteur de la mosaïque a dû représenter non seulement l'arrivée d'Hadrien dans un canton de l'Égypte, mais encore la saison de l'année où s'est passé cet événement. L'état du Nil doit nous la faire reconnoître : il n'est plus renfermé dans son lit, il se répand dans la campagne, et se divise en plusieurs branches : du milieu de ses eaux s'élevent des pointes de rochers sur lesquels les oiseaux viennent se reposer : les édifices sont séparés par des chaussées, ou par des canaux couverts de barques et de bateaux : « Pendant l'inondation (dit Maillet [b]) la communi-
« cation se fait par bateaux, ou par des chaussées élevées à ce dessein. »

Mais comme l'inondation dure plusieurs mois, tâchons de renfermer le sujet de la mosaïque dans un espace de temps plus limité. Le Nil com-

---

(1) Suivant une ancienne description du palais épiscopal de Palestrine, on voyoit autrefois dans la mosaïque ces deux mots : PINI OPUS (voyez Cecconi, Stor. di Palest. p. 44). L'on a conclu de là que ce monument étoit l'ouvrage d'un ouvrier nommé Pinus. Mais tout cela n'est fondé que sur une fausse leçon : il est visible en effet qu'on a lu ΠΙΝΟΥ ΕΡΓΟΝ, au lieu de ΡΙΝΟΚΕΡΩϹ, qui est le nom du rhinocéros représenté vers le milieu de la mosaïque.

(a) Vopisc. in Satur. Tacit. Histor. l. IV,   (b) Description de l'Égypte, p. 70.
c. 81.

mence, pour l'ordinaire, à croître sensiblement vers le solstice d'été[a]; il est dans sa plus grande élévation vers la fin de Septembre; et depuis cette époque il diminue quelquefois jusqu'à la fin de Décembre, qu'il rentre tout-à-fait dans son lit. Plusieurs plantes offrent les mêmes phéno-menes; tel est le lotus, si célebre parmi les anciens. Pline[b] dit qu'il sort du milieu des eaux lorsqu'elles commencent à se retirer : mais on sait aujourd'hui qu'il ne paroît sur la surface du Nil, que dans les mois de Juillet, d'Août et de Septembre[c]. Cette plante est représentée en divers endroits de la mosaïque, et sur-tout aux environs du berceau, où l'on voit sa fleur tantôt naissante, tantôt à demi épanouie, et quelquefois sous la forme d'une'espece de coupe ou de calice : comme dans ce dernier état elle est dépouillée de ses feuilles, nous pouvons rapporter l'époque que nous cherchons aux mois d'Août ou de Septembre; et les raisins dont le berceau est couvert ne détruisent point ce sentiment, puisque la vendange se fait en Égypte vers la fin de Juillet[d], et que d'ailleurs on y trouve du raisin dans toutes les saisons de l'année[e]. A cette preuve il en faut joindre une autre non moins frappante. Auprès du berceau, dans l'angle de la mosaïque, on voit plusieurs tiges de millet montées en épis : le millet se seme, en Égypte, vers le mois de Juillet, et la récolte s'en fait au mois d'Octobre suivant les uns[f], dans le mois de Novembre ou de Décembre suivant les autres[g]; ainsi les épis doivent être formés vers la fin d'Août ou au commencement de Septembre.

A l'égard du lieu de la scene, je suis persuadé que la mosaïque repré-sente un canton de la haute Égypte. Pourroit-on, en effet, la méconnoître aux montagnes, aux animaux, aux Éthiopiens qu'on y voit? Et si la partie inférieure du tableau offre un aspect plus riant, en doit-on conclure, avec

---

(a) Herodot. lib. II, cap. 19. Vansl. Relation d'Égypte, page 56. Thevenot, Voyage du Le-vant, tome II, page 735. Maillet, Description de l'Égypte, pag. 56. Miss. du Levant, tom. VII, pag. 118.

(b) Plin. lib. XIII, cap. 7.

(c) Prosp. Alp. rer. Ægypt. lib. III, cap. 10. Athen. lib. XV, p. 677.

(d) Vansl. Relat. d'Égypte, pag. 246.

(e) Maillet, p. 15*.

(f) Pococ. tom. I, p. 204.

(g) Miss. du Levant, tom. II, pag. 143.

M. le cardinal de Polignac, qu'on a voulu y retracer les villes de Memphis et d'Héliopolis? L'Égypte supérieure n'étoit-elle pas ornée de temples et d'édifices magnifiques? Ce n'est pas tout : on a placé plusieurs hippopotames dans la partie inférieure de la mosaïque. Or, l'hippopotame est un animal d'Éthiopie, qui descend, par le Nil, dans la haute Égypte[a], et qui paroît rarement aux environs du Caire. Parcourons les lieux qu'il habite, et ceux qu'Hadrien a parcourus lui-même; nous serons plus en état de fixer le lieu de la scene.

Il y avoit dans l'isle d'Éléphantine, et sur les bords du Nil, un puits fait de pierres quarrées, polies et appareillées avec soin; les divers accroissements du Nil n'y étoient point marqués sur une colonne, comme ils le sont aujourd'hui dans le Mekias du Caire, mais dans les parois intérieures du puits. Ce nilometre et celui de Memphis étoient vraisemblablement les seuls qui fussent en Égypte du temps de Strabon[b]; et je ne crois pas qu'on doive faire beaucoup d'attention à ceux que les auteurs[c] orientaux distribuent sur les bords du Nil, et qu'ils regardent comme antérieurs à la conquête de l'Égypte par les Arabes : les uns n'avoient pas la forme d'un puits, les autres étoient l'ouvrage des Empereurs postérieurs à Hadrien. Les auteurs grecs et latins ne parlent que de ceux de Memphis et d'Éléphantine; et c'est ce dernier qui me paroît tracé dans cet endroit de la mosaïque où s'élevent deux obélisques au-devant d'un temple. Dans cette supposition le monument représenteroit l'isle d'Éléphantine (1).

Un passage d'Hérodote[d] vient à l'appui de ce sentiment. L'isle d'Élé-

---

(1) Je pourrois, à la place de cette conjecture, en adopter une autre qu'on m'opposeroit si je la négligeois, et qui ne changera rien au fond de mon opinion si je l'adopte. Les auteurs anciens (Strab. lib. XVII, pag. 817; Plin. lib. II, cap. 73; Heliod. Ethiop. lib. IX) parlent d'un puits considérable que l'on voyoit à Syène, et qui servoit à déterminer le temps du solstice d'été; car c'est alors qu'au point du midi les rayons du soleil tomboient verticalement sur la surface de l'eau renfermée dans le puits, et l'éclairoient entièrement. Strabon observe de plus, qu'au solstice d'été les gnomons de Syène ne donnoient point d'ombre à midi. Les gnomons, en Égypte, n'étoient guere distingués des

(a) Maill. p. 31*. Gesner, l. IV, p. 418.   (b) Strab. lib. XVII, p. 817. Casaubon, ibid.
Ludolph. nouvelle Histoire d'Abiss. chap. 8.   (c) Voyage de Schaw, tome II, page 151.
Miss. du Levant, tom. VI, pag. 251.   (d) Herodot. lib. II, cap. 29.

phantine, dit-il, est habitée moitié par des Égyptiens, et moitié par des Éthiopiens; et précisément la mosaïque offre à nos yeux des Éthiopiens et des Égyptiens.

Mais Hadrien a-t-il porté ses pas dans ces climats éloignés? on doit le présumer sur les motifs qui le dirigeoient dans ses voyages. C'étoit un desir insatiable de s'instruire; c'étoit la nécessité de mettre les provinces à l'abri de toute insulte. Dans la Grande-Bretagne, en Espagne, dans l'Asie mineure, il vit de ses propres yeux les bornes de l'empire romain[a]. Sa présence intimidoit les Barbares qui vouloient en approcher; elle entretenoit la discipline dans les légions ou cohortes qui les défendoient. A ces titres, Éléphantine et Syène devoient exciter sa vigilance et sa curiosité. Placées au-dessous d'une des cataractes, elles servoient de bornes à l'Égypte, ainsi qu'à l'empire romain[b]. Cet endroit, le terme des voyages qu'on faisoit sur le Nil[c], le séjour d'une garnison sous les anciens souverains de l'Égypte[d], étoit défendu, sous les premiers empereurs, par trois cohortes[e]. Hadrien se trouvant à Thebes a dû, suivant ses principes, et à l'exemple de Germanicus[f], visiter des lieux qui faisoient la sûreté de l'empire, et dont il n'étoit pas fort éloigné. De Thebes à Éléphantine, la différence en latitude est, suivant M. d'Anville, d'environ un degré et deux tiers; ce qui donne, en droite ligne, environ trente-huit lieues françoises de trois mille pas géométriques ou de deux mille cinq cents toises. Si à ces trente-huit lieues on en ajoute neuf ou dix, à cause des détours du fleuve, on aura quarante-huit lieues, qu'on peut, avec un vent favo-

---

obélisques. Le monument en offre deux à nos yeux : ils sont placés auprès d'un puits. N'est-ce pas là ce que Strabon avoit remarqué de plus singulier à Syène? Ajoutons que c'est dans cette ville que l'auteur des Éthiopiques place le nilometre, qui, suivant Strabon, étoit dans l'isle d'Éléphantine. Syène étoit sur les bords du Nil, à l'opposite et sous le même parallele qu'Éléphantine; ainsi, quelque parti que l'on prenne, l'aspect des lieux ne changera pas.

(a) Spart. p. 6. Dion. l. LXIX, pag. 791. Arrian. Perip. Pont. Eux. p. 1.

(b) Plin. lib. V, cap. 9.

(c) Id. ibid.

(d) Herod. lib. II, cap. 30.

(e) Strab. lib. XVII, pag. 797 et 817. Plin. ut sup. Not. dignit. sect. XX, p. 34, edit. Labb.

(f) Tacit. Annal. lib. II, cap. 61.

rable, parcourir en moins de quatre jours. Les anciens n'en employoient pas davantage; car, suivant Hérodote[a], la distance d'Héliopolis à Thebes étoit de quatre mille huit cents soixante stades; et celle de Thebes à Éléphantine, de dix-huit cents stades; et comme il compte neuf jours de navigation depuis Héliopolis jusqu'à Thebes, il a dû en compter environ trois et demi depuis cette derniere ville jusqu'à Éléphantine.

Nous voyons, par des inscriptions gravées sur la statue de Memnon[b], qu'Hadrien étoit à Thebes dans les mois de Novembre et de Décembre de la quinzieme année de son regne, 131 ans avant J. C. Ainsi dans mon systême ces inscriptions ont été tracées à son retour de Syène et d'Éléphantine, où il a dû se trouver vers les mois d'Août et de Septembre de cette année.

J'aurois pu placer le lieu de la scene à Thebes, et quelques rapports justifioient cette position; mais j'en ai trouvé beaucoup plus en faveur de mon sentiment, et je l'ai embrassé.

Je passe à la seconde partie de ce mémoire : elle a pour objet les figures, les édifices, les barques ou bateaux, les animaux et les plantes qu'on voit dans la mosaïque.

SECONDE PARTIE.

En jettant les yeux sur ce monument, on les arrête d'abord sur les figures qui sont auprès de la tente. Hadrien y paroît avec un de ces vases qu'il avoit reçus du prêtre[c] d'un temple. Une femme debout tient de la main gauche une palme, et de l'autre présente une espece de diadême au prince : ce n'est pas une prêtresse, les Égyptiens n'en avoient point[d]; on l'a prise pour la Victoire[e]. Je la prendrois plutôt pour la ville de Syène ou d'Éléphantine, personnifiée : c'est ainsi que, sur les médailles d'Hadrien

---

(a) Herodot. lib. II, cap. 9.

(b) Pocock. tom. I, tab. XXXIX. D'Orvil. Animadvers. in Charit. p. 531. Jabl. de Memn. p. 90.

(c) Vop. in Sat. p. 145.

(d) Herodot. lib. II, cap. 35.

(e) Interpret. Lithostrot. Prænest. dans la gravure de 1721. Vaill. Hist. Ptolem. p. 217.

frappées à Tentyris dans la Thébaïde, on voit une femme habillée comme celle de la mosaïque. Hadrien est accompagné de plusieurs officiers et soldats, dont les uns sont à sa suite, et les autres sur la galere romaine qui va le joindre.

Le second grouppe est celui des prêtres égyptiens. Ils sont caractérisés dans la mosaïque par les mêmes traits que dans les anciens auteurs. On en voyoit plusieurs dans le même temple[a] : ils avoient des habits de lin, des souliers de papyrus, la tête ceinte de couronnes de fleurs, et rasée ainsi que le menton[b]. Six de ces prêtres forment un chœur de musique; l'un porte une palme[c] et un tambour, espece de tympanum encore en usage en Égypte[d], et qu'on voit entre les mains de trois autres prêtres; le cinquieme joue de la double flûte; et le sixieme cache ses mains dans son manteau, attitude que les prêtres égyptiens affectoient par modestie[e]. D'autres ministres sacrés tiennent de longs bâtons surmontés de la figure d'un animal; c'étoient les effigies symboliques des divinités égyptiennes; effigies semblables à celles que décrit Apulée[f], et qu'on voit représentées dans un bas-relief antique[g]. Enfin quatre prêtres portent sur leurs épaules un chandelier posé sur une espece de table quarrée. Cette pompe religieuse n'est point décrite dans les anciens auteurs; elle ne paroît pas sur d'autres monuments : cependant l'usage de ces grands chandeliers dans les temples semble avoir été assez général parmi les anciens[h]. A l'égard des Égyptiens en particulier, quoiqu'ils aient employé communément les lampes dans leur culte[i], il est à présumer qu'ils avoient aussi de ces chandeliers dans l'intérieur de leurs édifices sacrés, et qu'ils les en tiroient dans les occasions d'éclat, comme à l'arrivée du Souverain, ou dans le renou-

(a) Herodot. lib. II, cap. 37. Diod. pag. 66.

(b) Herodot. ibid. Plut. de Isid. pag. 352. Martial. lib. XII, epigr. 29.

(c) Apul. Metam. lib. XI. Clem. Alexand. Strom. lib. VI, p. 633.

(d) Missions du Levant, tome II, page 155. Thevenot, Voyage du Levant, tome II, page 798.

(e) Chærem. ap. Porphyr. de Abstin. lib. IV, pag. 363, in-8°. Lugd. 1620.

(f) Apul. Metam. lib. XI.

(g) Kirch. Œdip. Ægypt. tom. I, pag. 226. Spon. Miscel. erud. Ant. pag. 306.

(h) La Chausse, Mus. Rom. pag. 79. Boissard, &c. Cicero in Verrem, art. 2, lib. IV.

(i) Herodot. l. II, c. 62 et 130. Apul. l. XI.

vellement de leurs fêtes. Ils ne devoient pas conserver avec moins de soin ces tombeaux ou cercueils qui renfermoient, à ce qu'on disoit, une partie du corps d'Osiris, et qu'on montroit dans plusieurs temples[a]. Peut-être que la table sur laquelle pose le chandelier dont je viens de parler, représente un de ces cercueils, ou, si l'on veut, ce coffre dans lequel Typhon avoit enfermé Osiris. Le Poussin paroît avoir eu la même idée ; car, en insérant ce grouppe de prêtres dans son tableau du Repos en Égypte, il a supprimé le chandelier, et a figuré la table sur laquelle il pose comme une espece de coffre.

Le troisieme grouppe offre aux yeux une légere image des fêtes de l'Égypte : un berceau couvert d'une vigne chargée de fruits s'appuie sur deux petites isles : les eaux du Nil coulent paisiblement au-dessous, et sont comme émaillées par quantité de fleurs. Aux deux côtés de ce canal regnent des banquettes, sur lesquelles des figures égyptiennes, mollement couchées, tiennent des vases à boire et des instruments de musique: une d'entre elles éleve jusqu'à une certaine distance le RHYTON, cette espece de vase recourbé dont j'ai parlé plus haut : une seconde, placée tout auprès, lui montre avec transport ces grappes de raisin suspendues sur leurs têtes : trois autres figures tiennent des coupes pleines de vin, tandis que la sixieme pince les cordes d'un instrument, et que la septieme applique à sa bouche une flûte traversiere.

Les savants qui nous ont laissé des traités sur les anciens instruments de musique, n'ont fait qu'une légere mention de cette espece de flûte[b], et semblent quelquefois la confondre avec la flûte courbe : mais Jules Scaliger[c] les a distinguées avec raison. La premiere est cette flûte oblique dont on rapportoit l'origine aux Libyens[d] ou au dieu Pan[e], et que Théocrite, Héliodore et Longus mettent entre les mains des bergers[f]. L'usage qu'on en faisoit est constaté par le monument que j'explique, par un autre

(a) Plutarc. de Isid. et Osir. p. 358 et 365.

(b) Barth. de Tib. Vet. in-8°. Rom. 1677; Franc. Blanch. Mus. Vet. in-4°. Rom. 1742.

(c) Jul. Scalig. Poët. lib. I, cap. 10.

(d) Poll. lib. IV, cap. 10.

(e) Bion. Idyll. 3.

(f) Theocrit. Id. 20. vers. 29; Hel. Æthiop. lib. V, p. 224; Long. Pastor. l. I, p. 5, in-4°. 1660.

monument conservé au Capitole[a], et par ce passage d'Apulée[b]: « Ibant
« et dicati magno Serapi tibicines qui per obliquum calamum ad aurem
« porrectum dextram, familiarem templi Deique modulum frequenta-
« bant ». Il dit que cette flûte se prolongeoit jusqu'à l'oreille droite, ce
qui suffit pour en désigner l'espéce : il lui donne le nom de roseau, parcequ'elle étoit faite, dans les commencements, de la tige du lotus[c]. Les
prêtres de Sérapis s'en servoient dans leurs cérémonies, parcequ'elle paroît avoir une origine égyptienne.

Je dois observer, à l'égard de cette vigne qui couvre le berceau, que
les Égyptiens sont encore dans l'usage de faire monter leurs vignes, et de
les disposer en treilles[d].

Au-dessus et au-dessous du berceau sont deux bateliers, dont l'un
paroît ramasser du lotus dans le Nil, et l'autre en avoir déjà chargé son
bateau. Cette plante sert de nourriture au peuple pendant une partie de
l'année, non seulement parmi les Égyptiens[e], mais encore parmi les Éthiopiens[f]: on la recueille dans les mois de Juillet, d'Août et de Septembre[g].

On ne s'est point proposé, dans la mosaïque, de subordonner, sans
en excepter aucune, toutes les actions particulieres à l'action principale.
Celle-ci est représentée dans la partie inférieure du tableau; les autres n'en
sont que les accessoires : c'est presque par-tout la nature comme elle s'est
offerte aux yeux du dessinateur. Aussi voit-on, à l'entrée d'une cabane
placée au-dessus du berceau, deux paysans ou pêcheurs, dont l'un tient
un trident ou harpon à trois pointes, pour prendre ces gros poissons
qu'on trouve quelquefois dans le Nil, et pour se défendre contre les
monstres qu'il produit[h].

A côté de la cabane, un paysan conduit un bœuf qui boit tranquille-

(a) Mus. Cap. in-4°. Rom. 1750, p. 57.

(b) Apul. Metam. lib. XI.

(c) Poll. lib. IV, cap. 10.

(d) Maillet, Descript. de l'Égypte, p. 294;
Pococ. tom. I, pl. LVIII; Paul Lucas, 2ᵉ. Voyag.
t. II, p. 58.

(e) Herodot. lib. II, c. 92; Diod. Sic. lib. I,
pag. 9 et 30, edit. de 1604; Theop. Hist. Pl. lib.
IV, c. 10.

(f) Diod. lib. III, p. 148.

(g) Prosp. Alp. Rer. Ægypt. lib. III, cap. 10.

(h) Plin. lib. IX, cap. 15.

ment dans le Nil; et plus loin est une barque d'où plusieurs Égyptiens, après avoir percé de deux traits un hippopotame qui leur est échappé, en lancent d'autres sur un pareil animal qui fuit encore et se cache dans les roseaux. Diodore décrit cette chasse [a].

Au-dessus de la barque, on voit six figures debout; les unes semblent être les ministres du temple voisin, et les autres leurs femmes : cet homme qui paroît les interroger, et qui tient un trident, est un pêcheur, et non pas Neptune, comme l'a pensé Kircher [b].

Les autres figures représentées dans la partie inférieure de la mosaïque sont occupées de travaux rustiques : leur habillement, et celui de toutes les figures égyptiennes, justifient le récit des anciens auteurs. Les Égyptiens, suivant Hérodote [c], portent une robe de laine, et au-dessous une tunique de lin, nommée CALASIRIS, et dont les bords, terminés en festons, ne parviennent point aux genoux : plusieurs figures de la mosaïque sont revêtues de cette tunique; voyez entre autres celle qui tient un trident auprès du temple, celle qui conduit un bœuf, et celle qui est debout auprès de la cabane.

En face de cette cabane est un batelier, dont le chapeau ressemble à ceux des Chinois : c'est une singularité que j'ai cru devoir remarquer, parcequ'elle sert à prouver l'ancienne communication de ce peuple avec les Égyptiens. Les traits suivants ne méritent pas moins d'attention.

Les Éthiopiens habitent au-dessus d'Éléphantine, et dans Éléphantine même [d]. Ils sont noirs [e] ou basanés [f] : la plupart n'ont pour habit qu'une tunique fort courte [g] : leurs armes sont, en général, le javelot, l'arc, l'épée, et de grands boucliers faits de peau de bœuf [h]. L'isle d'Éléphantine est située vers la rive occidentale du Nil [i], au pied des montagnes qui, dans

---

(a) Diod. lib. I, p. 31 et 32.

(b) Kirch. Veter. Lat. p. 107.

(c) Herod. lib. II, cap. 21.

(d) Herod. lib. II, cap. 29; Gemin. Élémens Astronomiques, c. 13; Strab. lib. XVII, p. 819.

(e) Diod. lib. III, pag. 147; Miss. du Lev. t. VII, p. 33.

(f) Paul Luc. 3e. Voyage, t. III, p. 163.

(g) Strab. lib. XVII, p. 822.

(h) Diod. lib. III, p. 147; Strab. ut suprà.

(i) Nord. Voyage d'Égypte, p. 195.

cet endroit, se prolongent jusqu'au fleuve[a] : ces montagnes, où les arbres ne sont jamais dépouillés de leurs feuilles[b], deviennent, ainsi que toutes celles de l'Égypte, la retraite des animaux pendant le temps de l'inondation[c]. Les Éthiopiens, qui n'ont presque pas d'autres ressources que la chasse, ont alors plus de facilité à les poursuivre[d] ; les uns, habiles à tirer de l'arc, font tomber sous leurs coups ces oiseaux qu'on voit le long du Nil[e] ; les autres attaquent, avec des dards ou d'autres armes, ces bêtes féroces si communes dans la haute Égypte[f].

Ce récit, qui n'est qu'un tissu de passages d'anciens auteurs et de voyageurs modernes, est l'explication naturelle de la partie supérieure de la mosaïque.

Les édifices qu'elle représente étoient presque tous consacrés à des usages religieux ; tel est ce temple que l'on voit auprès des obélisques. Il a la forme d'un quarré long, comme l'avoient tous ceux de l'Égypte[g], et la plupart des temples de la Grece[h] : il pose sur un soubassement composé de quelques marches, comme le sont les plus anciens temples des Grecs (1) : l'entablement est soutenu, dans la face antérieure, par quatre ou six colonnes qu'on prendroit pour des pilastres, et qui forment un porche : elles n'ont point de bases, et leurs chapiteaux sont dénués d'ornements ; le fronton antérieur est cintré ; celui de la face postérieure devoit l'être aussi. S'il laisse à desirer quelque chose à cet égard, c'est la faute du Peintre, qui, dans le reste de son tableau, a souvent péché contre la perspective.

Devant le temple sont deux obélisques posés sur des piédestaux : ils

---

(1) Ceux d'Agrigente en Sicile, de Pæstum et d'Aquinum dans le royaume de Naples.

(a) Aristid. Ægyp. Orat. t. II, p. 343 et 345 ; Pococ. t. I, lib. II, cap. 5 ; Nord. Voyage d'Égypte, planch. CXXVI.

(b) Plin. lib. XVI, cap. 21.

(c) Diod. lib. I, p. 33.

(d) Diod. lib. III, p. 160.

(e) Nord. Voyage d'Égypte, p. 139 ; Miss. du Lev. t. VI, p. 149.

(f) Diod. lib. I, p. 21 ; lib. III, p. 160.

(g) Strab. lib. XVII, p. 805 ; Poc. Nord. &c.

(h) Le Roy, Ruines de la Grece, part. II, page 22.

avoient été taillés vraisemblablement dans une carriere voisine d'Éléphantine[a].

Auprès des obélisques s'éleve une tour semblable, pour la forme, à deux autres qui sont derriere le temple; mais on a négligé de tracer des fenêtres dans la premiere : c'étoit là que demeuroient les ministres du temple. Pococke[b] a trouvé que celui de Dandera devoit être entouré de maisons. L'extrême élévation de celles-ci vient, 1°. de ce que les prêtres égyptiens s'appliquoient fort à l'astronomie; 2°. de ce qu'autrefois, comme à présent encore, on passoit en Égypte la nuit sur des terrasses, pour se garantir des cousins produits par l'eau du Nil qui séjourne dans les canaux[c]. Il est à remarquer qu'Hérodote[d] donne à ces maisons le nom de tours, et que dans la mosaïque leurs terrasses sont, pour la plûpart, renfoncées et entourées d'un mur qui leur sert de parapet.

En parcourant la mosaïque de gauche à droite, nous trouverons, après le temple que je viens de décrire, un autre temple presque semblable au premier, paré de guirlandes, flanqué de deux maisons, et presque entièrement fermé d'un mur terminé par des creneaux; ce mur servoit peut-être à contenir un de ces animaux qu'on entretenoit avec tant de soin[d]. Strabon dit qu'à Memphis on renfermoit le bœuf Apis dans un asyle; et qu'en certaines occasions on le faisoit passer dans un parc pour le montrer aux étrangers, qui, pour l'ordinaire, ne le voyoient qu'à travers une fenêtre[e]. Nous distinguons une cour et une assez grande fenêtre dans une des faces latérales de l'édifice dont il s'agit : cet édifice n'auroit-il pas renfermé quelque animal sacré, et fait partie du temple précédent?

On voit ensuite deux tours quarrées, c'est-à-dire deux maisons, une tour ronde et deux petites cabanes : la tour ronde servoit, suivant les apparences, de retraite aux ibis, qui s'en approchent de toutes parts; car, suivant Prosper Alpin, ces oiseaux s'apprivoisent aisément[f]. Les cabanes

---

(a) Herod. lib. II, cap. 17.

(b) Descrip. of the East, tom. I, p. 186.

(c) Herod. lib. II, c. 95; Maill. Description de l'Égypte, 37*.

(d) Herod. lib. II, c. 153; Diod. lib. I, p. 75.

(e) Strab. lib. XVII, p. 807.

(f) Rer. Ægypt. lib. IV, cap. 1.

sont couvertes de chaume, et peut-être construites de roseaux : telles étoient, du temps de Diodore, les maisons des bergers en Égypte ᵃ.

Sur la même ligne est un édifice considérable, et propre à nous donner une idée générale des palais des Égyptiens. Au fond de la cour s'éleve, en face de la porte d'entrée, un grand bâtiment à un seul étage; son entablement est semblable à celui de plusieurs anciens édifices qu'on trouve dans la haute Égypte; son toit est plat, et terrassé dans toute son étendue; la cour, divisée en d'autres plus petites, est fermée par des corps-de-logis couverts de terrasses, et séparés entre eux par des murs ou courtines; ceux qui sont à droite et à gauche de la porte d'entrée ont cela de remarquable, que, depuis l'entablement jusqu'au couronnement de la porte, ils vont en rampant : cette construction, particuliere aux Égyptiens, se trouve observée dans plusieurs bâtiments représentés sur leurs médailles, ou subsistants encore en Égypte. L'aigle romaine, taillée dans un marbre de basaltes ou pierre noire, déploie ses ailes sur la porte d'entrée; et de chaque côté paroissent deux statues de semblable marbre, posées sur des plintes, ayant la tête ornée d'une fleur de lotus, ou plutôt de deux cornes, du milieu desquelles s'éleve une espece de vase ᵇ. On voit quatre figures semblables adossées contre le mur, dans des ruines qui paroissent être celles du palais de Memnon à Thebes ᶜ, et communément elles étoient destinées à décorer les temples : cependant je ne donnerai pas ce nom à l'édifice représenté dans la mosaïque; c'étoit plutôt un prétoire pour la garnison qu'entretinrent successivement, dans ces climats éloignés, les Égyptiens, les Perses et les Romains. L'aigle, ajoutée sur la porte par ces derniers, inspiroit le même respect que les enseignes militaires dressées auprès du prétoire dans les camps. Si la grandeur et la magnificence de cet édifice semblent s'opposer à ma conjecture, je répondrai que Verrès, en Sicile, avoit établi son prétoire dans le palais des anciens rois de Syracuse ᵈ.

(a) Diod. lib. I, p. 41.

(b) Pignor. Mens. Isia. pl. 4. let. X.

(c) Nord. planche CXII.

(d) Cicer. in Verr. art. 2. lib. IV, §. 53.

L'édifice où des prêtres s'occupent d'une cérémonie religieuse, et celui devant lequel Hadrien est placé, ne sont pas si difficiles à expliquer; ce sont des propylées ou vestibules : on les plaçoit quelquefois à l'entrée des villes; et tels étoient les magnifiques propylées que Périclès avoit fait construire dans la citadelle d'Athenes[a], et dont M. le Roy nous a donné le plan et les élévations[b]. En Égypte les temples avoient plusieurs de ces vestibules[c]: ceux qu'on a tracés dans la mosaïque sont séparés par une chaussée ou par un pont. Auprès du premier, la figure d'Anubis est sur un grand piédestal de marbre de couleur : elle paroît dorée; et c'est ainsi que les Égyptiens représentoient cette divinité[d]. Le second est paré de guirlandes dorées, et couvert, dans sa face antérieure, d'un voile de pourpre.

Tout auprès de ce dernier on voit une maison, à l'entrée de laquelle est un vase d'une forme singuliere, et dont la porte est accompagnée de deux pilastres; un parc destiné à renfermer des troupeaux ou des animaux sacrés, et une grande cabane de roseaux.

Dans un des angles inférieurs paroît une autre maison avec un colombier : l'usage d'élever des pigeons subsiste encore dans la haute Égypte; ces animaux y fournissent l'engrais des terres; et les avantages qu'on en retire sont si considérables, que, dans certains endroits, la loi défend de se marier à ceux qui ne sont point en possession d'un colombier[e].

Pour ne rien omettre de ce qui concerne les édifices, j'observerai que le berceau dont j'ai déjà fait mention est appuyé contre un pan de mur assez considérable, mais à demi ruiné, et dont on ne peut fixer l'usage qu'en le regardant comme les débris de quelque bâtiment que le Nil avoit emporté, ou comme les restes malheureux des fureurs de Cambyse; car ce prince avoit détruit plusieurs temples en Égypte, et l'on en voyoit encore les ruines du temps de Strabon[f].

(a) Plut. in Pericl. p. 160; Paus. lib. I, p. 51.

(b) Ruin. de la Grece, part. II, p. 11.

(c) Herod. lib. II, c. 136, 138, 153, &c. Strab. lib. XVII, p. 805.

(d) Jablon. Epist. in Thes. Lacroz. t. I, p. 168.

(e) Nord. tom. II, pag. 123; Pococ. tom. I, p. 210; Miss. du Lev. tom. II, p. 231.

(f) Vans. Rel. d'Ég. p. 59; Str. l. XVII, p. 805.

Cet auteur rapporte que l'isle d'Éléphantine étoit remarquable par un puits où l'on mesuroit les accroissements du Nil, et par le temple de Cnuphis, ou du bon génie, qu'on adoroit sous la figure d'un serpent. Strabon ne parle que de ce temple, parceque c'étoit vraisemblablement le plus célèbre de tous : cependant je ne serois pas éloigné de prendre ses paroles dans un sens rigoureux ; et alors je regarderois le temple qui, dans la mosaïque, est auprès des obélisques, comme celui du serpent Cnuphis ; le petit temple qui vient après, comme l'asyle particulier de cette divinité ; et les deux propylées inférieurs, comme les vestibules du temple. Il est vrai qu'ils en paroissent fort éloignés, et hors de la direction de cet édifice. A la premiere de ces objections il suffira d'opposer la description qu'un auteur exact nous a laissée des temples des Égyptiens : on voyoit d'abord, suivant Strabon[a], une avenue ornée de sphinx à droite et à gauche ; on trouvoit ensuite un propylée qui conduisoit à un second ; et ce dernier à un troisieme : le nombre des propylées et des sphinx n'étoit pas fixe. Ce témoignage est confirmé par ceux des voyageurs qui ont parcouru, avec le plus de soin, les antiquités de la haute Égypte ; ils ont distingué, au milieu de toutes ces ruines, des vestibules éloignés des temples auxquels ils se rapportoient, et assez semblables à l'un de ceux de la mosaïque[b]. Si l'on ajoute que ces derniers ne sont pas dirigés vers le temple principal, je répondrai que leur position a dépendu de celle du terrein, quand on les a construits ; de l'intelligence de l'artiste, quand on les a dessinés autrefois ; du goût de l'appareilleur, quand on a réuni les divers morceaux de la mosaïque sous la forme qu'elle présente aujourd'hui : car on verra plus bas que, dans le transport de ce monument, certaines parties ont été dérangées de leur place.

Suivant l'analyse que je viens de faire, la mosaïque ne représenteroit que ce canton de l'isle d'Éléphantine où se trouvoit le temple de Cnuphis ; et dès-lors on conçoit pourquoi la plupart des édifices s'y rapportent au culte religieux.

(a) Strabonius, libro XVII, pagina 805.

(b) Pococ. Descript. of the East, tome I, p. 93 ; Nord. Voyag. d'Égyp. pl. CVIII.

Ils paroissent presque tous construits de brique; et cela est conforme
à l'usage ancien et moderne des Égyptiens[a]. Le goût de cette nation se
manifeste sans mélange dans l'édifice auquel j'ai donné le nom de prétoire, et dans les maisons des particuliers, mais avec quelque altération
peut-être dans les édifices sacrés; car, dans les plus anciens monuments
de l'Égypte, on ne voit point, comme dans ceux-ci, de piédestaux élevés,
de frontons cintrés, de modillons dans les corniches, de toits exhaussés
et inclinés de chaque côté. Est-ce des Grecs que ces parties d'architecture
ont été empruntées? est-ce des Égyptiens que les Grecs les avoient reçues
auparavant? La solution de ce problême seroit aussi difficile que peu im-
portante : ce n'est pas sur les ruines d'un petit nombre de monuments, ni
sur des dessins faits à la hâte, qu'on peut connoître les détails et les ressources de l'architecture égyptienne. Je dis les ressources; il en fallut en
effet pour construire des combles dans un pays dépourvu des bois qu'on
emploie communément à cet usage : on y suppléoit sans doute par d'é-
normes quartiers de pierre, taillés en forme de faîtages, de chevrons, &c.
Quoi qu'il en soit, ces sortes de toits ont été en usage chez les Égyptiens:
on peut s'en convaincre, non seulement par la mosaïque de Palestrine,
mais encore par diverses peintures d'Herculanum, et par des bas-reliefs
en terre cuite que j'ai vus dans des cabinets d'Italie, et qui représentent
des maisons au bord du Nil[b].

Dans le recueil des peintures que je viens de citer, on distingue, ainsi
que dans la mosaïque, des frontons et des toits hérissés de pointes[c]; singularité qu'on remarquoit aussi dans le temple de Jérusalem[d]. Hérodote
parlant d'un temple de Persée dans la haute Égypte, dit qu'il étoit quarré
et entouré de palmiers[e]; et justement on voit dans la mosaïque, et dans
un tableau d'Herculanum (1), des palmiers auprès des temples[f]; enfin,

---

(1) Comme les savants éditeurs des peintures d'Herculanum ont réuni dans trois planches tous

(a) Pococ. tom. I, pag. 75, 77, &c. Thev.   (c) Ibid. pag. 27, 33, 133, &c.
Voyage du Levant, tom. II, pag. 783; Nord.   (d) Jos. de Bell. Jud. lib. V, cap. 5.
Voyag. d'Ég. p. 202; Vansl. Rel. d'Ég. p. 257.   (e) Herod. lib. II, cap. 91.
    (b) Pitt. ant. d'Ercol. tom. I, p. 253 et 257. (f) Pitt. ant. d'Ercol. p. 35.

selon Vitruve, les temples des Égyptiens étoient tournés vers le Nil, et ils le sont ainsi dans la mosaïque[a].

J'ai rassemblé ces détails pour montrer les rapports du monument que j'explique avec les témoignages des auteurs. Ils ne se manifestent pas moins dans la forme des bateaux et des autres bâtiments qu'il nous présente.

Dans un des angles inférieurs, tout auprès du grand propylée, est une galere romaine, remplie de soldats, et sur laquelle Hadrien avoit remonté le Nil. Quelque considérable que paroisse ce bâtiment, il a pu pénétrer jusqu'aux extrémités de l'Égypte : le Nil est navigable jusqu'à Éléphantine. C'est de cette isle qu'on avoit transporté par eau, jusques dans la basse Égypte, des obélisques, des colosses, et cette maison d'une seule

---

les sujets égyptiens, et que j'en cite plusieurs en marge sur lesquels ils ont gardé le silence, il est nécessaire de justifier mes citations. Je pense donc que plusieurs des vignettes et culs-de-lampe dont on a décoré le livre des peintures d'Herculanum, représentent le Nil, ou les objets qu'on appercevoit sur ses bords. On y voit ce fleuve tantôt couler à travers des roseaux (pag. 87), tantôt baigner des portiques, derriere lesquels s'élevent des obélisques (pag. 133) ou des pyramides (pag. 7). Or comme ces compositions sont dans le même goût que celles où l'on a représenté des crocodiles sur les bords du Nil (pag. 253, 257, 263), et celles où l'on voit simplement des portiques et des édifices dont les murs sont crénelés, et dont les toits, ainsi que les frontons, ont divers ornements (pag. 27, 33, 49, &c.); il en résulte que les uns et les autres renferment plusieurs de ces points de vue que les canaux du Nil produisent dans la basse Égypte. C'étoient des sujets heureux pour les peintres; et le commerce des villes de la grande Grece avec Alexandrie facilitoit à leurs artistes les moyens de tracer les divers aspects du Nil, ou les usages singuliers du peuple qui habitoit sur ses bords. Aussi, parmi les tableaux qui ne sont point encore gravés, en trouve-t-on plusieurs où l'on a représenté des sphinx (Catal. de' Monum. di Ercol. pag. 9), le Nil avec un crocodile et un cyprès (pag. 118), Osiris et Isis (pag. 95), deux sacrifices, dont l'un se fait sur les bords du Nil (pag. 36 et 37). Dans ces derniers tableaux, les palmiers, les ibis, les sistres entre les mains des prêtres, ne laissent pas le moindre doute sur le lieu de la scene.

Lorsque le goût des grotesques s'introduisit en Italie, ce fut encore de l'Égypte que les artistes emprunterent des secours pour enrichir leurs extravagantes compositions. Je cite en preuve ces especes de treillages gravés dans le recueil des peintures d'Herculanum (pag. 213, 217, 221, 225, 229, 233). Rien n'est si bizarre que leur architecture : des baldaquins élancés dans les airs et soutenus par de frêles colonnes, ou plutôt par de foibles roseaux; un monstre serpentant autour d'une autre colonne; des plans sans régularité, des constructions sans solidité, des ornements sans mesure; voilà tout ce

(a) Vitr. lib. IV, cap. 5.

pierre, dont le toit avoit vingt-une coudées de long sur huit de haut et quatorze de large[a]. On voyoit quelquefois sur le Nil des especes de coches capables de contenir deux cents personnes[b]; mais ces bâtiments n'auroient pu remonter au-delà d'Éléphantine, parceque c'est là que commence la cataracte[c], et que plusieurs pointes de rochers qui s'élevent au-dessus du Nil, ne laissant point de passage aux bâtiments, forcent le voyageur à faire par terre le chemin d'Éléphantine à Philæ[d].

Suivant le témoignage de Strabon, à Philæ, c'est-à-dire à quatre lieues et demie au-dessus d'Éléphantine, on se servoit d'esquifs faits de cour-roies tellement entrelacées qu'elles formoient un tissu fort serré[e]: de cette espece devoit être le bateau qui est auprès de la trirême, dans un des angles de la mosaïque.

L'autre bateau, au-dessus de la trirême, et les trois qu'on voit auprès

---

qu'elle offre d'abord aux regards. Cependant on y voit dans les détails quantité de parties qui se ressentent d'une origine égyptienne. Par exemple, dans l'édifice de la page 229, le fronton et le toit sont hérissés de ces pointes ou ornements que nous avons fait observer dans plusieurs édifices de la mosaïque. Aux pages 213 et 217, les colonnes sont surmontées d'un cube, ainsi que dans plusieurs monuments qui se trouvent encore en Égypte (Pococ. Desc. of the East, tom. I, p. 121; Nord. pl. CVII). A la page 225, une figure d'Isis en gaîne, avec une fleur de lotus sur la tête, tient lieu de colonne. Il est naturel de mettre ce désordre d'idées sur le compte des artistes qui déco-roient les maisons d'Herculanum. Si néanmoins quelqu'un prétendoit qu'ils ont copié des treillages semblables qui, de leur temps, étoient distribués sur les bords du Nil, ne pourroit-il pas justifier cette espece de paradoxe par les réflexions suivantes? Le goût de ces constructions a les rapports les plus sensibles avec les édifices des Chinois (Voyez Chambers, Descr. des édific. des Chin. in-fol. à Lond.); or comme il est prouvé aujourd'hui que les Chinois ont reçu plusieurs usages des Égyp-tiens, on doit penser que ce qui se trouve chez les uns a pu se trouver chez les autres. D'ailleurs l'architecture égyptienne n'étant pas fixée, ni soumise à la sévérité des regles, elle a pu s'aban-donner à toutes les licences possibles, sur-tout depuis que la servitude eut rétréci l'ame de ceux qui la traitoient. Nous croyons trop gratuitement que des têtes égyptiennes ne pouvoient imaginer que des pyramides et des colosses : mais, dans les opérations de l'esprit humain, rien n'est peut-être si voisin du grand que le frivole et le petit. Au reste, je n'assure pas que les peintures dont je parle soient la fidele copie de ce qu'on voyoit en Égypte ; c'est un soupçon que je propose, sans l'adopter, sans le combattre, et même sans l'approfondir.

(a) Herod. lib. II, cap. 175.
(b) Maill. Descript. de l'Égypt. p. 78.
(c) Nord. p. 193.

(d) Strab. lib. XVII, p. 818; Nord. Voyag. d'Égypt. p. 199.
(e) Strab. ibid.

du berceau, étoient peut-être faits de même, ou construits sur le modele des bâtiments de charge qu'Hérodote place sur le Nil[a]. On prenoit des tiges d'une plante semblable au lotus de Cyrene; on les divisoit en morceaux d'environ deux coudées de long; on les lioit entre eux; et les joints intérieurs étoient remplis et couverts par des roseaux. D'autres fois les Égyptiens n'employoient que le papyrus pour leurs bâtiments, persuadés que cette matiere écartoit les crocodiles[b].

Outre ces bateaux, la mosaïque nous présente trois barques : la premiere, avec une maison et une voile; la seconde, avec la voile, mais sans la maison; la troisieme, avec une maison, et sans la voile.

Ce que j'appelle une maison étoit un édifice de bois, quelquefois doré, communément construit dans le milieu du bâtiment, et divisé par des cloisons en plusieurs cellules[c]. On s'y reposoit en voyageant sur le Nil; on s'y rassembloit pendant les fêtes et les réjouissances publiques[d]; le jour et la fraîcheur pouvoient s'y introduire par le moyen des fenêtres grillées[e]. Le fleuve étoit souvent couvert de ces sortes de bâtiments : les rois d'Égypte en entretenoient huit cents dans le port d'Alexandrie[f]; et c'étoit sur un pareil navire que César avoit résolu de pénétrer en Éthiopie[g].

Les voiles des bâtiments en Égypte étoient, pour l'ordinaire, tissues de papyrus[h] : on ne plaçoit pas le gouvernail à la proue, mais sur le flanc[i] : on en voit deux dans la barque où sont les chasseurs; et, dans Héliodore, il est dit : « Nous avions perdu un de nos deux gouvernails[k]. »

Les Chinois ont des bâtiments qui ressemblent fort à ceux de la mosaïque[l] : c'est un nouveau trait de conformité entre ce peuple et les Égyptiens.

(a) Herod. lib. II, cap. 96.

(b) Plut. de Isid. p. 358.

(c) Diod. lib. I, p. 76.

(d) Strab. lib. XVII, p. 799 ; Thev. Voyag. du Lev. tom. II, p. 740.

(e) Comparez la mosaïque avec Maillet, p. 77 et 79.

(f) Appian. in Præf.

(g) Suet. in Cæs. cap. 52.

(h) Herod. lib. II, cap. 96.

(i) Voyez la mosaïque, et Herod. ibid.

(k) Æthiop. lib. V, p. 241.

(l) Chambers, Descr. des édifices des Chin. planch. XVII.

Je passe aux autres articles que j'ai promis de traiter : ce sont les animaux, les arbres et les plantes. Comme il est assez difficile de les reconnoître, j'ai consulté un oracle, dont les doutes mêmes sont des décisions: ainsi les réponses de M. de Jussieu me serviront de guide; et je n'y ajouterai que des détails relatifs à mon opinion. J'aurois pu répandre ici l'érudition à pleines mains, et ne rien éclaircir, parcequ'il est plus aisé de la prodiguer que de la distribuer à propos. Ceux qui desireront de plus grands éclaircissements les trouveront dans les ouvrages sans nombre que nous avons sur l'histoire naturelle.

Quelques remarques doivent précéder cette explication. La plupart des animaux représentés dans la mosaïque sont désignés par des noms tracés en grec; mais ces noms ne nous fournissent aujourd'hui que de foibles lumieres : en voici la raison. Ce monument, découvert originairement dans un petit temple, avoit ensuite été transporté dans le palais des princes de Palestrine : on l'enleva par parties détachées du sanctuaire qu'il couvroit; et quand il fut question d'en appareiller les différents morceaux dans le nouvel asyle qu'on lui destinoit, on eut recours au Commandeur dal Pozzo, qui précédemment les avoit fait dessiner en dix-huit feuilles[a]. Cette opération produisit plusieurs changements dans la correspondance de toutes les parties de la mosaïque[b]; c'est ainsi que, suivant Suarez[c], les animaux nommés ΘΩΑΝΤΕΣ, qu'on voit aujourd'hui sur un des côtés de la partie supérieure de la mosaïque, ne formoient autrefois qu'un même groupe avec l'animal nommé HONOKENTATPA, qui se trouve au côté opposé. Ce dérangement en suppose d'autres, et l'on conçoit aisément que des noms tracés quelquefois sur les bords à demi détruits d'un fragment ont pu s'altérer, ou correspondre à d'autres animaux, lorsqu'on a transporté ou réuni les diverses parties de la mosaïque. Soit pour ces raisons, soit que l'artiste n'ait pas écrit originairement les noms avec assez d'exactitude, ou qu'enfin, en les rétablissant, on se soit reposé

(a) Delle lodi del Com. dal Pozzo; Oraz. di Carl. Dati, p. 14.

(b) Kirch. Lat. Vet. p. 100.

(c) Præn. Ant. lib. II, c. 18.

sur l'intelligence des ouvriers, il est certain que plusieurs de ces inscriptions sont plus propres à nous égarer qu'à nous instruire; aussi n'est-ce qu'avec la plus grande défiance que je vais en essayer l'interprétation (1).

Dans un des angles inférieurs de la mosaïque sont deux crocodiles et trois hippopotames, dont l'un éleve à peine sa tête au-dessus de l'eau : ces animaux sont aussi connus des naturalistes que des antiquaires, qui les voient souvent sur les médailles frappées en Égypte.

Vers le même endroit, tout autour de la barque, paroissent plusieurs canards, dont quelques uns sont perchés sur des pointes de rochers; deux autres canards sont dans l'eau en face de la cabane : ces oiseaux sont encore fort communs en Égypte ª.

Ceux qui volent, ou qui se reposent sur la cabane, sont des especes de courlis : à côté, un bœuf conduit par un paysan boit dans le Nil; et comme cette circonstance semble supposer que les eaux du fleuve sont représentées ici dans leur état naturel, je remarquerai, d'après le témoignage des voyageurs ᵇ, qu'après le solstice d'été elles paroissent vertes pendant vingt, trente ou quarante jours; qu'elles sont très mal-saines alors; mais que passé ce temps, quoique troubles et rougeâtres, elles servent de boisson au petit peuple; c'est une des raisons qui m'ont fait placer le temps de la scene au mois d'août plutôt qu'au mois de juillet.

Au-dessus de la cabane est une tour ronde, et de petites cabanes couvertes d'ibis : le plumage de cet oiseau, suivant les naturalistes, est d'un blanc sale, et le bout des grandes plumes des ailes est noir; son bec est recourbé : il y a des ibis noirs, mais qui, suivant les anciens, ne se trouvoient qu'à Péluse ᶜ : Norden en a vu des uns et des autres auprès de Syene ᵈ.

---

(1) On a fait graver, à la fin de ce Mémoire, les inscriptions exactement tracées sur l'original. On y verra 1°. qu'elles sont extrêmement fautives: 2°. on se convaincra par la forme des lettres, qu'elles doivent être du second siecle de l'ere vulgaire.

(a) Pococ. tom. II, p. 210.

(b) Vansl. Relat. d'Égypt. pag. 48; Maill. Descript. de l'Ég. p. 57; Pococ. tom. I, p. 200.

(c) Aristot. Hist. Animal. l. IX, c. 27; Plin. lib. X, c. 30.

(d) Nord. Voyage d'Égypte, p. 258.

Au-dessus du puits sont deux animaux, dont l'un attaque un serpent de l'espece de ceux qu'on appelle OPHILINI.

Sur la même ligne, en revenant à droite, est un rhinocéros : son nom est écrit au-dessous.

On voit ensuite un animal dont le nom a souffert quelques légeres altérations, et a donné lieu à de fausses leçons[a]; cependant il est visible que le nom grec doit être restitué de cette maniere, ΧΟΙΡΟΠΙΘΗΚΟΣ, qui signifie COCHON-SINGE, peut-être parcequ'il tenoit de l'un et de l'autre. Aristote, qui en fait mention, dit que sa tête ressemble à celle du caméléon[b]. Nous n'appercevons pas cette ressemblance, soit qu'Aristote ait été mal instruit, soit que l'artiste ait manqué d'exactitude (1).

Les deux animaux suivants semblent être deux sangliers. Le nom grec ΕΦΑΛΟC OU ΕΦΑΛΟC étoit sur l'extrémité d'un des fragments de la mosaïque, quand on l'a déplacée; et peut-être en a-t-on perdu plusieurs lettres: peut-être aussi rappelle-t-il un animal dont Pline et Solin font mention[c]; il se trouvoit alors chez les Éthiopiens, et se nommoit EALE; il étoit de la grosseur d'un hippopotame, de couleur noire ou fauve; sa queue ressembloit à celle d'un éléphant, et ses mâchoires à celles d'un sanglier; sa tête étoit armée de cornes, qu'il tenoit quelquefois renversées. La plupart de ces traits conviennent aux animaux que nous avons sous les yeux : le mot latin EALE et le grec ΕΦΑΛΟC ne different que par la terminaison, et par une lettre ajoutée peut-être dans la mosaïque, ou peut-être oubliée dans le texte de Pline.

ΑΓΕΛΑΡΚ OU ΑΓΕΛΑΡΤ. Ce mot placé devant une espece de singe n'est pas dans la description que Suarez nous a donnée de la mosaïque. En suivant cette description, il m'a paru qu'il devoit être sur les bords d'un fragment, et qu'il a souffert dans le transport : j'ignore ce qu'il signifie.

---

(1) Le P. Hardouin (Not. et emend. ad lib. VIII Plin. tom. I, p. 492) a soupçonné qu'au lieu de Χοιροπιθηκυ, il falloit lire, dans le texte d'Aristote, Κερκοπιθηκυ : la mosaïque détruit ce soupçon.

(a) Voyez la gravure de la mosaïque en qua-tre feuilles, 1721.

(b) Aristot. Hist. Animal. lib. II, c. 11.

(c) Plin. lib. VIII, c. 21; Solin, c. 55.

ΛΥΝΞ. La maniere dont ce nom est écrit prouve que la mosaïque est des premiers siecles de l'empire; car, avant cette époque, on auroit écrit ΛΥΤΞ. L'animal que ce nom accompagne ressemble fort à un cheval; cependant les naturalistes, après bien des discussions qui ne sont pas de mon objet, conviennent assez aujourd'hui que le lynx des anciens est un loup-cervier[a].

ΚΡΟΚΟΔΙΛΟ ΠΑΡΔΑΛΙC, CROCODILE-PANTHERE; et plus haut, ΚΡΟΚΟΔΙΛΟC ΧΕΡCΑΙΟC, CROCODILE TERRESTRE. Ce dernier nom, mis en opposition avec le premier, autoriseroit le changement de ΠΑΡΔΑΛΙC en ΠΑΡΑΛΙΟC, pour désigner le crocodile de mer. Mais outre que les inscriptions paroissent ici tracées avec exactitude, le crocodile d'eau est toujours désigné, dans Aristote, par ΚΡΟΚΟΔΙΛΟC ΠΟΤΑΜΙΟC[b]: ce crocodile-panthere est un de ces animaux extraordinaires dont les anciens peuploient l'Afrique. Les Grecs disoient qu'en fait de monstres cette partie du monde produit sans cesse quelque chose de nouveau[c]. Les Romains ont adopté ce proverbe[d]; et l'on a suivi dans la mosaïque les récits exagérés et les traditions ridicules qui l'avoient fait naître. On ne doit jamais perdre de vue cette remarque dans l'explication de ce monument. Les deux animaux qui l'ont occasionnée ne sont pas le vrai crocodile; celui-ci est représenté dans la partie inférieure de la mosaïque, à côté du berceau.

Au-dessus du crocodile terrestre, on voit un singe assis sur un rocher. Le nom qui le désignoit a disparu; mais Suarez l'avoit vu dans les dessins du Commandeur dal Pozzo; car il place dans un même fragment le tigre, le crocodile terrestre, et un animal nommé CΛΤΤΥΟΧ.[e] Je pense qu'on s'étoit trompé en lisant ce nom, et qu'on auroit dû lire CΛΤΥΡΟC, SATYRE.

ΤΙΓΡΙC, TIGRE: ce nom ne fait aucune difficulté.

(a) Perrault, Mémoires de l'Académie des Sciences, depuis 1666 jusqu'en 1699, t. III, prem. part. p. 132.

(b) Aristot. Hist. Animal. lib. II, c. 10; Id. de Part. Anim. lib. IV, c. 11.

(c) Aristot. Hist. Animal. lib. VIII, cap. 28; Id. de Gener. Anim. lib. II, cap. 7.

(d) Plin. lib. VIII, cap. 16.

(e) Præn. Ant. lib. II, c. 18.

ΔΡΚΟϹ, vraisemblablement pour ΔΟΡΚΟϹ, CHEVRE SAUVAGE: cependant l'animal ressemble plutôt à une brebis qu'à une chevre; mais il ressemble encore plus à une chevre qu'à un sanglier; et j'ignore pourquoi, au lieu du nom qu'on voit aujourd'hui, on a mis dans la gravure de 1721, ΑΠΡΟϹ, SANGLIER.

A côté des tigres est un serpent qui rampe sur des rochers; c'est le serpent-géant, nommé ainsi à cause de sa grosseur : on en trouvoit d'énormes en Éthiopie[a], et dans les isles que forme le Nil[b].

On voit ensuite un animal avec ce nom HONOKENTATPA : Élien nous en a laissé la description[c]. Dans toute la partie antérieure il tient de la nature de l'homme, et sa tête est couverte d'une longue criniere; le reste du corps participe de la nature de l'âne: il se sert indifféremment de ses mains, ou pour courir, ou pour tenir quelque chose. M. de Jussieu conjecture que l'HONOCENTAURE pourroit bien n'être pas distingué du singe que Prosper Alpin nomme CALLITRICHE[d].

Auprès de l'honocentaure sont des canards et des hérons[e], dont les uns prennent leur essor dans les airs, et les autres tombent sous les traits de quelques chasseurs éthiopiens qui viennent de lancer une civette, animal originaire d'Éthiopie[f].

En descendant du haut de la mosaïque, on voit deux autres canards, et ensuite un animal nommé KPOKOTTAC: plusieurs auteurs observent qu'on le trouvoit en Éthiopie, et qu'il participoit de la nature du loup et de celle du chien[g]; d'autres lui donnent une origine différente[h].

TABOTC. Ce nom m'a long-temps arrêté; cependant en ajoutant à la premiere lettre un jambage qui a disparu, on fera NABOTC: c'est un animal auquel les Éthiopiens donnoient le nom de NABUN; il a, disent les natu-

---

(a) Diod. lib. II, p. 149; lib. III, p. 169.

(b) Id. lib. I, p. 29.

(c) Æl. de natur. Animal. l. XVII, c. 9.

(d) Prosp. Alp. rer. Ægypt. lib. IV, cap. 11.

(e) Vansl. Relat. d'Égypt. p. 103.

(f) Thev. Voyage du Lev. t. II, p. 760.

(g) Diod. lib. III, p. 168; Plin. lib. VIII, c. 21; Agathar. ap. Phot. p. 1363, &c.

(h) Plin. lib. VIII, c. 30; Dio Cass. lib. LXXVI, p. 860.

ralistes [a], le cou comme un cheval, les pieds et les cuisses comme un bœuf, la tête comme un chameau; sa couleur rougeâtre est entremêlée de taches blanches, ce qui lui fait donner le nom de CAMÉLÉOPARD. A l'exemple des anciens, les auteurs modernes [b] ont confondu le NABUN OU NABUS avec le CAMÉLÉOPARD; nous verrons bientôt que l'auteur de la mosaïque les a distingués.

KHIΠΕΝ. Les anciens parlent d'une espece de singe d'Éthiopie à tête de lion; on le nommoit κῆϐος, κῆπος, κεῖπος [c]; c'est cet animal qu'on voit ici: la terminaison est peut-être particuliere au dialecte du pays où se trouvoit cet animal; peut-être aussi faut-il l'attribuer à la négligence des ouvriers.

Derriere cet animal est un paon sur une branche d'arbre, et au-dessous une lionne avec son lionceau : elle est désignée par son nom, ΛΕΑΙΝΑ.

CATOC. Ce nom, quoique placé auprès de la lionne, se rapporte à l'animal inférieur : je suis persuadé que l'ouvrier a oublié une lettre, et qu'il faut lire CATPOC, LÉZARD.

Ce nom est suivi d'un autre dont je n'ai pu fixer ni la lecture ni l'explication.

Derriere la lionne sont des caméléopards désignés par ce mot défiguré dans le monument KAMEΛΟΠΑΡΔΑΛI. Le caméléopard, disent les auteurs [d], est ainsi nommé, parcequ'il a le cou comme le chameau, et des taches sur la peau comme le léopard; ces taches sont semées sur un fond rousseâtre: sa tête est semblable à celle d'un cerf: il a la queue fort petite, deux cornes de six doigts de long sur la tête, les pieds fourchus, et ceux de devant plus longs que ceux de derriere, &c. Cette description est conforme à la mosaïque.

On voit ensuite deux crabes dans l'eau, un singe sur un rocher, un

(a) Plin. lib. VIII, cap. 18; Solin. c. 33, de Æthiop.

(b) Boch. Hieroz. lib. III, c. 21.

(c) Id. lib. III, c. 31.

(d) Belon, Observ. c. 49, p. 263; Aldrov.

Hist. Quadr. p. 927; Gesner. Quad. tom. I, p. 147; Dapper, descript. de la haute Éthiop. p. 410; Prosp. Alp. rer. ægypt. lib. IV, cap. 10; Ludolf. nouvelle Histoire d'Abyssinie, liv. I, chap. 7.

autre singe sur un arbre, et un animal nommé ϹΟΙΝΓΙΑ. Les auteurs anciens[a] ont placé des sphinx en Éthiopie, et les ont rangés dans la classe des singes : l'animal auquel on a donné ce nom dans la mosaïque ressemble plutôt à un chat-tigre.

ΞΙΟΙΓ. Le nom et l'animal me sont également inconnus.

ΘΩΛΝΤΕϹ ΟU ΦΩΛΝΤΕϹ, et non ΩΛΝΤΕϹ, comme on le voit dans la gravure de 1721. On croiroit d'abord que ce sont deux ΤΗΟS, especes de loups-cerviers qu'on fait venir d'un loup et d'une léoparde; cependant cette conjecture est contredite par la forme du nom, et par la figure des animaux, qu'on prendroit plutôt pour un lion et une panthere : le nom grec correspondoit peut-être à d'autres animaux qui ne paroissent plus dans la mosaïque.

Du même côté, tout à l'extrémité, est un serpent-géant qui s'est saisi d'un canard qui vient d'être tué; car nous avons remarqué plus haut, d'après Suarez[b], que cette partie de la mosaïque se trouvoit autrefois de l'autre côté, dans l'endroit même où l'on voit des canards abattus sous les traits des Éthiopiens[c].

Au-dessous on a représenté deux tortues d'eau, et deux loutres tenant chacune un poisson à la bouche, et désignées l'une et l'autre par ce mot, ΕΝΤΛΡΙϹ, ΕΝΗΥDRIS, nom commun à la loutre et à une sorte de serpent[c].

Je cours à la conclusion de ce mémoire : il ne me reste plus à parler que des arbres et des plantes; j'en rapporterai les noms tels que M. de Jussieu me les a donnés.

A côté du vestibule où est Hadrien, on voit un palmier-cocotier chargé de fruits; derriere ce vestibule, un genevrier entre des cedres; auprès du portique où sont les prêtres, un autre genevrier.

Vers le milieu de la mosaïque, l'arbre placé auprès d'une tour ronde, et couvert d'ibis, est une casse.

(a) Plin. lib. VI, cap. 29; lib. VIII, cap. 21; lib. X, cap. 72; Diod. lib. III, pag. 167; Strab. lib. XVI, pag. 775; Vide Hard. not. et emend. ad Plin. tom. I, p. 489; Arist. Hist. animal. lib. II, cap. 17; Plin. lib. VIII, cap. 24.

(b) Præn. ant. lib. II, cap. 18.

(c) Arist. Hist. animal. lib. VIII, cap. 5; Plin. lib. XXXII, cap 7.

Sur la même ligne en allant à droite de la mosaïque, les arbres, en face des temples, sont des palmiers-dattiers. Cet arbre est retracé en d'autres endroits du monument; il est trop facile à reconnoître pour avoir besoin d'indication : je remarquerai seulement que ces palmiers ressemblent fort aux dattiers sauvages dont le P. Sicard parle dans une de ses lettres[a]. Il dit que cet arbre a cela de singulier, que son tronc se divise et se fourche en deux parties égales; que chaque branche se sous-divise de la même façon, et que ce ne sont que les dernieres branches qui produisent des feuilles semblables à celles des palmiers : il dit encore que cette espece ne se trouve en Égypte que depuis Girgé, en tirant vers la Nubie. Si tels sont les dattiers de la mosaïque, il en résulte que ce monument repré-sente un canton de la haute Égypte : quoi qu'il en soit, les dattiers sont très communs dans la Thébaïde[b], et sur-tout auprès d'Éléphantine[c].

L'arbre au-dessus de la lionne ressemble fort au tamarinier : un autre lui ressemble encore plus; c'est celui qu'on voit auprès du serpent-géant, dans le coin, au côté droit de la mosaïque.

En partant de ce point, et en suivant les contours supérieurs de la montagne, on trouve un tithymale.

Près du sommet, on voit une espece d'acacia; un peu plus bas et de-vant l'honocentaure, un arbre semblable.

A l'égard des plantes, on conçoit aisément qu'il doit se trouver bien des roseaux dans un monument qui représente le Nil : on en voit sur-tout une assez grande touffe auprès du puits.

A côté du berceau, ces plantes qui s'élevent autour des crocodiles et de l'hippopotame sont des plantes de millet; on en voit aussi quelques tiges auprès du pavillon où est l'empereur. Je dois observer que, suivant Diodore, les Éthiopiens semoient du millet dans plusieurs des isles du Nil qu'ils habitoient[d], et qu'ils en faisoient du pain[e].

(a) Miss. du Lev. tom. II, pag. 158.   (d) Diod lib. I, pag. 29.

(b) Strab. lib. XVII, pag. 818.   (e) Strab. lib. XVII, pag. 821 ; Prosp. Alp.

(c) Schult. Ind. Geogr. in Vit. Salad. Nord.   rer. ægipt. lib. III, cap. 12.

Pl. CXXXI.

Sous le berceau, et aux environs, paroissent au-dessus de l'eau plusieurs fleurs de lotus, dont les unes sont bleues et les autres rouges. Athénée distingue expressément ces deux especes [a]: on en connoît une troisieme dont les fleurs ressemblent, pour la couleur, à celle du lis [b].

Avant que de finir, je dois ajouter quelques réflexions sur les ouvertures qui sont pratiquées dans les rochers représentés dans la mosaïque: on en voit de semblables dans les montagnes de la Thébaïde [c]; et pour en supposer dans celles d'Éléphantine, il suffit de dire qu'au rapport d'Hérodote c'étoit de là qu'on faisoit descendre dans la basse Égypte des quartiers énormes de pierre [d]. Ce passage ne dit pas, il est vrai, qu'ils eussent été taillés dans l'isle même: mais il ne dit pas le contraire; et je suis d'autant plus autorisé à l'interpréter en faveur de mon sentiment, qu'un très habile Missionnaire parle, en plus d'un endroit de sa relation, des carrieres de granit qu'il avoit vues à Éléphantine [e]. Nous n'avons pas de plus grands éclaircissements sur un pays où peu de voyageurs ont pénétré, et que moins encore ont été en état de parcourir avec soin. Au reste les fameuses carrieres que les anciens rois d'Égypte avoient fait ouvrir auprès de Syene étoient si voisines d'Éléphantine [f], que l'artiste, frappé de cet aspect, a pu les placer dans sa composition.

Je soumets cet ouvrage au jugement des antiquaires, je le consacre à l'utilité des artistes; les premiers découvriront, sans doute, dans la mosaïque, des traits de lumiere qui m'ont échappé; les seconds y puiseront de nouvelles connoissances sur le costume des Égyptiens: les uns et les autres, en l'examinant avec plus d'attention, la regarderont, à coup sûr, comme un des plus précieux monuments de l'antiquité.

(a) Athen. Deipn. lib. XV, pag. 677.

(b) Dioscor. lib. IV, cap. 114; Prosp. Alp. rer. ægypt. lib. III, cap. 10.

(c) Miss. du Lev. t. II, p. 217. Nord. p. 131, 134, 175, &c. Vansl. Relat. d'Eg. p. 391, &c.

(d) Herod. lib. II, cap. 175.

(e) Sicard, Miss. du Lev. t. 7, p. 32 et 154.

(f) Plin. lib. XXXVI, cap. 8.

FIN DU PREMIER VOLUME.